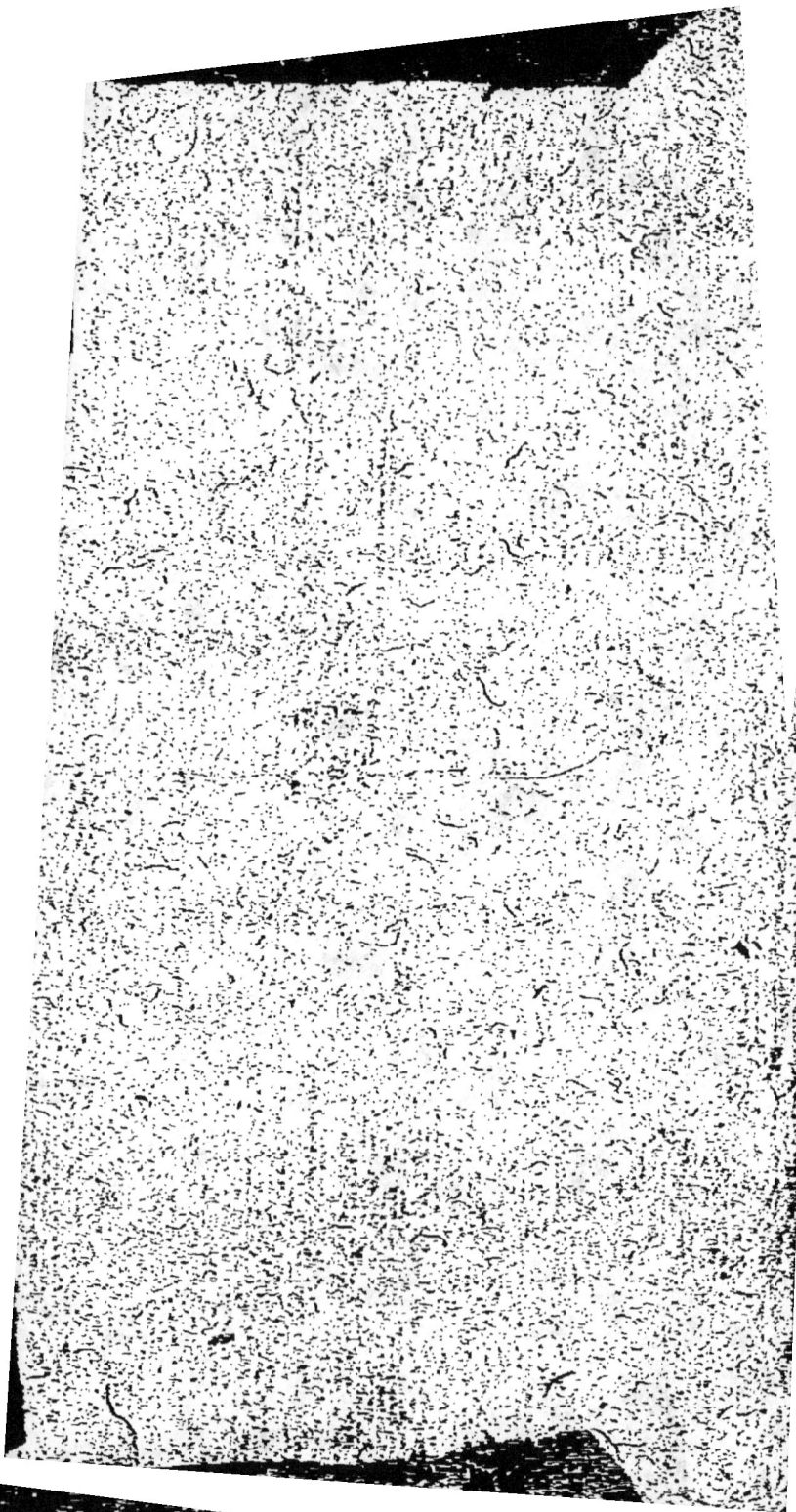

*schnipr... ... ... ... ... ...*
*prefaces*

# HISTOIRE ABREGEE
## DE LA VIE
## ET DE LA TRANSLATION
### DE
# SAINTE EVPHROSINE
### VIERGE D'ALEXANDRIE,

Patrone du Prieuré de saint Loüis de
Roiaulieu, dans la Forest de
Compiegne.

*Auec l'Office de sa Fête, & quelques
prieres à son honneur.*

Les Indulgences de N. S. P. ALEXANDRE VII.
pour le second Dimanche d'aprés Pâques,
dans l'Eglise du même Prieuré, dite
saint Iean aux Bois; & quelques
auis aux Pelerins.

✣

## A REIMS,
Chez la Veuue IEAN BERNARD
saint Etienne, prés le College de
l'Vniuersité.

## M. DC. LXVI.
### AVEC APPROBATION.

# TABLE DES
## *Discours.*

### PREMIER DISCOVRS.

*De la naissance & de l'education
de sainte Euphrosine.*

ã 2

# QVATRIESME DISCOVRS.

*Des visites de Paphnuce à Euphrosine, & des entretiens d'Euphrosine à Paphnuce.*

# CINQVIESME DISCOVRS.

*De la mort & des miracles d'Euphrosine.*

# HVITIESME DISCOVRS.

## *Des Pelerinages de sainte Euphrosine.*

# EPITRE.

A TRES-HAVTE
ET TRES-ILLVSTRE DAME
MADAME
LOVISE — ISABELLE
D'Angennes de Rambovillet
Abbesse des Chanoinesses
Regulieres de S. Etienne
de Reims.

MADAME,

*Le recit de la Transla-*
*tion de sainte Euphrosine d'Egypte*

## EPITRE.

en France, & de son Monastere
d'Alexandrie en celuy de saint Iean
aux Bois, que Madame Gabrielle
de Laubêpine Chateauneuf à fait
donner au public, tant (1) en nôtre
langue, qu'en (2) celle de l'Eglise,
afin qu'aucun ne la pût ignorer;
nous appren que cette Illustre vierge
ne consentit à son enleuement de la
ville d'Alexandrie, capitalle de
l'Egypte, qu'aprés auoir persuadé
le Roy de France de son transport
dans celle de Reims, que l'on peut
dire la Rome de la France fidelle,
ou la capitalle du nom Chrétien de
la nation françoise ; & celle dans
laquelle la prudente simplicité du
premier Christianisme s'est toujours
aussi religieusement conseruée, qu'en
pas vne autre.

(1) Par vn Benedicti l'An 1649.

(2) Par Bollandus, en 1658.

# EPITRE.

Ie ne fçay neamoins par quelle admirable conduite de la diuine Prouidence, il a pû arriuer qu'elle fe foit laifsée charmer par les chemins à l'agreable folitude de cette fameufe Abbaïe, & qu'elle ait bien voulu que les Dames Religieufes qui la gouuernoient, s'acquiffent la poffeffion d'vne perle fi precieufe, que Dieu faifoit naître en leur chams, & paffer à leur porte.

Mais je fçay bien, MADAME, que n'y pouuant fouffrir dans la fuite des tems les frequentes inquietudes que leur caufoient les diuers mouuemens de l'état, & que pour les en afranchir en leur procurant ailleurs vn azile plus affuré, elle leur perfuada (1) l'échange de fa demeure & de leur Abbaïe, contre le Prieuré

(1) Il fut executé en 1634 au mois de mars.

## EPITRE.

de saint Loüis de Royaulieu : à condition toutesfois, qu'elle seroit trans-
ferée en celuy-ci, sans être obligée
de quitter celle-là ; & qu'elle se
donneroit tellement à l'vn, que
ce seroit sans faire de prejudice à
l'autre.

Aprés vne si longue pose & tant
de siecles insensiblement écoulez,
qui ne croiroit, MADAME, que
sainte Euphrosine nous à mis en
oubly, & qu'elle ne songe plus à la
ville de Reims, ny comme au terme
de son voiage, ny comme au lieu de
son repos ? Et qui ne diroit même
aprés vn si juste partage, & vne
prise de possession de part & d'autre
aussi legitime que reciproque, qu'il
n'y a plus rien à esperer pour nous
de sa riche dépoüille, & qu'il se

# EPITRE.

faut abfolument refoudre d'en fouffrir vne eternelle priuation?

Non, non, MADAME, il n'en
doit pas aller ainfi. Les defirs de
nôtre Glorieufe Sainte, font affu-
rement trop raifonnables, pour étre
diuertis d'vne fi jufte fin; & la fidelité de fes promeffes eft trop inuiolable, pour demeurer fans effet,
Et fi nous ne les pouuons pas affez
facilement interpreter du don des
Reliques de fon Corps; difons har-
diment, qu'elle doit étre entenduë
de celles de fon efprit : & que c'eft
aujourd'huy qu'elle à refolu de nous
en gratifier. Ouy, MADAME, oüy
c'eft aujourd'huy qu'elle veut vous
refigner fon efprit ; C'eft de vôtre
belle ame qu'elle a fait choix pour
étre fa chere hôteffe; & c'eft chez-

vous qu'on luy marqua son logis, à même tems qu'elle forma le dessein de se donner à nous : afin que tout le monde peût être persuadé, que si Reims ne la pas possedée pluiôt, c'est assurement qu'elle ne vous auoit point encore pour luy en meriter la possession.

Car si sainte Euphrosine a témoigné même par son nom, de si fortes inclinations pour (1) saint Iean, cet amy confident de l'Epoux diuin, & ce fidel Predicateur de la joie des Chrétiens ; (2) si elle a si fort honoré saint Loüis, cet inuincible Conquerant de l'heritage maternel du souuerain des Rois,

(1) l'Abaïe de S. Iean fondée par Auſculphe de Pierrefons, 55 Euéq. de Soiſſons, das le Château de Loüis 7 prés la ville de Compiegne, dit la maiſon Roiale de S. Iean aux Bois, l'an 1152.

(2) Le Prieuré de Royaulieu, fondé par Philip. 4. dit le Bel, à l'honneur de S. Loüis ſon aïeul pour 21. Chanoin. Regul. du val des Ecoliers l'an 1303. dans ſon Chaſt. de la neuf-ville aux Bois, Faux-bourg dudit Compiegne.

# EPITRE.

& qui n'a rien epargné pour soû-
metre à l'empire de sa Foy, les ames
rebelles du Païs de sa naissance; Si
enfin elle a toûjours fait vne estime
toute particuliere de saint Augustin,
cet incomparable Docteur, qui a
retiré tant de millions d'ames des tenebres de l'erreur, pour les traduire
heureusement au Royaume de la
lumiere: si dis-je le respect & l'a-
mour l'ont toujours fait marcher
d'vn pas égal vers ces glorieux
Princes du Royaume celeste, afin
de pouuoir, à la faueur de leur
souueraine protection, confier ici-
bas aux Clercs Apostoliques, ou
Chanoines Reguliers, aussi legitimes
disciples de celuy-ci, que fideles gardiens des Temples de ceux-là, le precieux dépôt de ses Cendres sacrées.

# EPITRE.

*Pourquoy ne pourons nous pas dire qu'aiant pareillement à disposer des salutaires instructions de sa vie admirable, comme de la vraye Relique de son bien heureux esprit, elle n'a dû raisonnablement s'adresser à d'autre qu'à celle qui peut, auec raison, passer pour vne des plus parfaites copies de ces excellens originaux ? Qu'à celle qui a été choisie dans sa noble famille, pour nous marquer dans son double nom de Louïse-Isabelle, qu'elle n'est pas moins (1) heritiere de la joye & des autres vertus de cette religieuse Fille, & sœur de Roys,*

(1) Ste. Isabelle sœur de S. Loüis née l'an 1220. refuse l'alliāce de l'Empereur Conrad 4. du nom, & Roy de Ierusalem: fonde le Monastere de lon-Chams, entre S. Cloud & Paris l'an 1260. pour des Religieuses Cordelieres, & y rend son ame à Dieu âgée de 50. ans, le 23. Fevrier 1269. Leon x. leur permet de faire l'Office de sa fête, par sa Bulle de l'an 1515. Sainte-Marthe, liu. 12. de son hist. Genealog. de la Maison de France.

# EPITRE.

qu'yſſuë de la race Roiale de cet illuſtre zelateur des interèts de la maiſon de Dieu? Qu'à celle enfin, qui a merité de tenir vn rang auſſi glorieux que celuy d'Abeſſe, dans l'ancienne & floriſſante famille des Chanoineſſes Regulieres, du plus Auguſtes des Peres.

Et certes il paroiſſoit bien juſte qu'aprés ſa mort, elle fit connoître aux enfans par quelque marque de confiance, l'eſtime qu'elle auoit toujours fait durant ſa vie, du merite de leur ſaint Pere : lequel elle ſçauoit aſſuremnt n'être pas moins de ſon même tems en Afrique l'honneur de ſon Clergé ; qu'elle pouuoit étre en Egypte, toute la gloire des ſolitudes.

Ie dis plus que pour continuer

# EPITRE

fes raports , *&* fe conformer dauantage à celuy qu'elle fçauoit encore être vne des quatre plus fermes
Colomnes de l'Eglife , qui eft la
maifon de verité ; elle a voulu
prendre pour fon nom de religion,

(1)
Apoc 21
Verf. 19

celuy (1) de la quatriéme pierre precieufe des fondemens de la celefte
Ierufalem ; *&* qu'elle n'a differé
d'eclater par fes miracles jufques
aprés fa mort , pour canonizer la
conduite extraordinaire de fa vie ,
qu'acaufe qu'il auoit toujours con-
ftamment refufé d'en faire jufqu'à

(2)
poffid.
en fa vie
ch. 29.

(2) l'extremité de la fienne , afin de
confirmer *&* mettre le fceau de
l'autorité diuine à fes doctes écrits.

Ie ne m'arreteray pas , MA-
DAME , à vous faire remarquer
icy , qu'elle a pu encore être attirée

# EPITRE.

dans vôtre celebre Abbaïe, par cette aussi solemnelle que canonique succession (1) des Chanoinesses regulieres de saint Etienne de Soissons. (2) *Aux Chanoines reguliers de saint Paul de Reims*, par quelque raport à ce qui s'étoit déja fait tant au Prieuré de Roiaulieu, qu'à l'Abbaïe de saint Iean : afin de vous dire, qu'encore qu'elle ait pu avoir quelque vûë sur la majesté de vos noms, sur l'excellence de vôtre profession, & sur la tige Roialle de vôtre illustre naissance, pour se donner à vous par prefe-

(1) l'Eglise de saint Etienne de Soissons, fõdée par S. Ansery Euéque pour des Chanoines seculiers : regularisez par Niuello Euéque. l'an 1170 erigée en Abbaïe de Chanoiness. regul. tirées du Manast. de Primy au diocese de Cambray, par Iacque de Basoche Euéque l'an 1128. renduë par échange aux Chanoines regul. du Valdes Ecoliers de S. Paul de Reims, l'an 1617. & depuis encore retournée aux mêmes Dames Chanoinesses.

(2) Le Prieuré de S. Paul de Reims, fondé pour les susd. Chanoines reg. l'an 1237. & changé en Abbaïe pour lesd. Dames Chanoinesses, à la diligence de Madame Anne de Roucy leur tres-digne Abbesse, audit an 1617.

rance à tant d'autres ; j'ose bien neamoins auancer que la conformité de votre vie à la sienne, en a assurement été la principale fin ; tant à cause de la maniere si genereuse & peu commune, dont vous etes sortie à son exemple de votre maison paternelle, pour entrer au seruice de Dieu, & dont vous auez comme negligé l'abondance des richesses & de la gloire qui luy sont inseparablement attachées ; que parce que vous l'auez si parfaitement imitée au point même où elle sembloit étre le moins imitable : puisque passer de la robbe noire à la blanche, & de la condition des larmes à vn estat de feste & de joïe continuelle : en vn mot, de la profession Monastique à la regle canonique, c'est en quelque façon se dépoüiller de l'habit du Sexe le plus foible, pour se reuétir de celuy du plus fort.

Apres cela, MADAME, comme je ne doute pas qu'à son abord, vous ne luy fassiez à vôtre ordinaire, vn acuëil des plus obligeans ; je puis bien vous dire par auance, qu'elle sçaura vous en recompenser auec auantage, non seulement par l'abondance des benedictions, qui la suiuent & accompagnent ordinairement par tous les lieux qu'elle honore de sa presence, mais encore par l'agreable recit qu'elle vous fera, soit des rauissantes auantures des 56. années de sa vie, soit des pieux motifs de sa sortie d'Egipte, & de sa retraite en France ; soit enfin, des raisons secretes du choix qu'elle

y à voulu faire, & d'vne solitude
pour sa demeure, & de la plume
d'vn Solitaire pour la representer
à vos yeux.

Ie me persuade aisement qu'elle
vous dira, MADAME, que cette sorte
de personnes & de lieux. luy sont
apres sa mort, comme durant sa
vie extremement chers & aimables;
qu'elle n'a resolu d'abandonner sa
douce patrie qu'acause du bannis-
sement des vns vns, & de la pro-
phanation des autres, & qu'elle
ne s'est refugiée dans ce Roiaume
étranger, que parce que les deserts
y sont en quelque sorte d'estime &
de veneration, à raison de la sainteté
de ceux qui les habitent.

Il faudroit MADAME, n'étre
pas aussi persuadé, que je le suis, de

voftre loüable curiofité pour toutes
les belles chofes, pour être en doute
de la fatisfaction de voftre efprit,
aprés en auoir entendu de fi charmantes, par les entretiens de voftre
diuine hôteffe : fi ce n'eft que comme elle eft étrangere, & qu'elle ne
vous à pû parler que par vn or-
gane enprunté ; la rude elocution
de fon interprete, ne correfpondant
pas affez à la dignité d'vn fi beau
fujet, n'ait pu bleffer la jufte de-
licateffe de vos oreilles.

J'ofe bien neamoins efperer pour
luy MADAME , vn traitement
plus fauorable de voftre generofite
fi bien faifante à tout le monde,
& que vous l'excuferez par vn
effet de votre obligeante bonté,
quand vous fçaurez que la vie de

# EPITRE.

Sainte Euphrosine est si riche & si abondante de son propre fond, qu'elle n'a besoin ni de fard etrâger, ni d'ornemês empruntés pour plaire & pour se faire aimer. Quand vous sçaurez dis-je qu'encore qu'il n'y ait point d'estat & de profession, soit de riches ou de pâuures ; soit de grands, ou de petits ; soit de Peres ou d'Enfans ; soit enfin de continents ou de gens mariés, qui ne puissent apprendre & profiter à l'école d'vne si sçauânte Maitresse : Il est neamoins vray, que le discours de sa vie, qui est la venerable relique de son Esprit, regarde particulierement l'instruction ; comme celle des sacrés ossemens de son Corps, le soulagement des ames de ses propres sujets, les habitans des deserts

# EPITRE.

& de la Campagne, qui n'ont jamais appris la politeſſe du beau langage des grandes Villes, & que pour ſe rendre plus intelligible à leur ſens, & leur faire mieux comprendre les veritès qu'on leur debite, il eſt apropos d'vſer des termes ſimples & familiers, & quelquefois même d'impropres & de barbares.

Et enfin quand vous ſçaurés MADAME, que ce petit ouurage n'a tiré ſa hardieſſe de pararoître aux yeux du public, que de ſa reſolution de ne voir le jour qu'a la faueur de vôtre illuſtre Nom, qu'il ſçait étre capable de reformer ou de couurir ſes defauts ; & de detourner ou deblouir les yeux de la plus ſeuere critique pour ſa Cen-

# EPITRE.

sure: desorte que s'il peut MADAME,
étre vne fois assez heureux pour
meriter de ne vous pas deplaire, il
n'y a plus rien à craindre pour luy,
n'y à desirer pour moy que la grace
& l'honneur de me dire dans tout
le respect possible & la reuerence
que vous doit

MADAME,

Vôtre tres-humble
& tres obeïssant
seruiteur

D P R

# PREFACE.

SOUFREZ, mon cher Lecteur, que je retarde pour vn moment la satisfaction de vos justes desirs, & que je vous donne icy quelques auis assez necessaires pour mieux preparer vos esprits aux discours de cette admirable vie.

Le premier est, de ne vous pas égarer à la suitte de quelques Auteurs (1) qui sont justement repris de confondre nôtre illustre Sainte auec vne autre, dont les caracters ont assurement beaucoup de raports aux siens. Car elles sont toutes deux Vierges, & on ne les oblige que trop souuent de s'entrecommuniquer les noms qui leur sont propres: Elles ont toutes deux vecu sous le

(1) Par Baron en ses not. sur martyr. de Rome.

regne des Empereurs Theodofe ; & elles ont encore toutes deux fini leurs jours dans vn Cloître. Enfin, comme la mort de toutes les deux a été precieufe deuant Dieu, & en odeur de benedictiõ aux yeux des fidcles, Elles ont toutes deux merité d'auoir leurs noms écrits au liure de vie, & dans les tables Ecclefiaftiques, póur en faire tous les ans la memoire aux propres jours de leur trepas.

Mais fi elles ont tout cela de commun, qui pouróit les faire prendre l'vne pour l'autre ; voici ce qu'elles ont chacune de propre, & qui leur doit feruir de differences particulieres. Celle dont j'écris la vie, à toûjours été conftammant appellée Euphrofine par fes plus anciens Anteurs ; & l'autre que l'on prend quélque fois pour elle, a pareillement toûjours été qualifiée du nom d'Euphrofie, ou d'Euprafie ; d'Euphraize ou d'Euphraze, par ceux qui ont les premiers recüeillis les actes de la fienne. De forte que pour les mieux diftinguer, l'on adjoute ordinairement à leurs noms propres, & à celuy de Vierge qui leur eft commun, ceux de Conſtantinople & d'Alexandrie, tirés des lieux de leurs naiſſances.

Ainſi Sainte Euphroſie Vierge de Conſtantinople, étoit fille du Senateur Antigone, allié de l'Empereur Theodoſe le Grand, ſous l'Empire duquel elle à fait profeſſion de la vie religieuſe dans vn Monaſtere de filles, en la Thebaïde; Au lieu que Sainte Euphroſine vierge d'Alexãdrie auoit vn des plus grands Seigneurs de l'Egypte pour Pere, que l'on nommoit Paphnuce, au tems de Theodoſe le jeune, fils d'Arcade, & petit fils du premier de même nom; & qu'elle a paſſé les 38. dernieres années de ſa vie, dans vn Cloître d'hommes & de Solitaires, dans l'Egypte, & en habit déguiſé.

Enfin pour dernier caractere, comme elles ont toutes deux merité la veneration des fideles, l'Egliſe pour honorer la memoire de leur ſainteté a donné rang dans le Calendrier de ſes Saints a ſainte Euphroſie vierge de Conſtantinople, au 13. jour du mois de Mars, & elle y a marqué pour la fête de ſainte Euphroſine vierge d'Alexandrie, les jours, premier de Ianuier: 11. de Fe-

vrier, & 25 de Septembre, auec celuy
du second Dimanche d'aprés Pâques,
pour la solemnité de sa Translation.

II. Les actes les plus fideles & autentiques de la vie de nôtre incomparable
vierge, sont ceux qui se trouuent entre
les vies des anciens Peres, & qui pa-
roissent n'auoir été traduits de Grec
en Latin, que lors que la reputation
de son admirable saiuteté a passé de
l'Orient dans l'Occident. Le nom de
l'Auteur & celuy de l'interprete, nous
sont également inconnûs. Mais outre
cette anciene & premiere vie, il s'en trouue
encore vne composée par Simeon Me-
taphraste: si l'on ne veut dire qu'elle
n'en est pas tant vne autre, qu'vne in-
terpretation plus elegante des expres-
sions de la premiere; & c'est neamoins
d'elle que nous apprenons que sainte
Euphrosine ayant vecu sous l'Empire de
Theodose le jeune, qui a duré depuis
l'na 408. jusques en 450. Elle a pû porter
les 56. années de sa vie, jusques à l'an
de nôtre S. 470. & peut-étre plus loin.

III. Bollandus qui raporte les (1)
deux precedens vies, dit en auoir encore vû deux autres en vers, l'vne d'en-

(1) au to.
2. des
ss du
mois de
Fevrier.

# PREFACE.

uiron 800. Vers heroïques, dans la Bi-
blioteque du Monastere de S. Maximin
de Treues ; & l'autre bié plus abregée, &
reduite à moins de 50. Vers ïabiques ; laquelle il raporte & dit auoir tirée du liure
des diuins Offices de l'Eglise Grecque.

IV Cette nouuelle traduction françoise, ne peut assurement passer pour
vne version fort exacte, à cause de la liberté qu'elle se donne d'etendre quelques phrazes vn peu reserrées, & d'en
abreger d'autres qui luy paroissoient
trop diffuses ; mais, toûjours auec vne
fidelité tres-exacte & du sens de l'Auteur, & de la verité de l'histoire.

Quant au nom d'Agabite quelle donne
à l'Abbé du Monastere de sainte Euphrosine, il est pris (1) de Pierre des
Noëls, quoiqu'il y aye toutes les apa-
rences du monde, qu'il confonde l'Abbé
auec le Pere-maître de la même Sainte,
que les actes de sa vie appellent toûjours Agapite, & que suiuant Meta-
phraste, je nommeray deformais Agapie, pour ne pas donner lieu de prendre
l'vn pour l'autre, comme à fait ce bon
homme.

V. Les noms d'Agapie & d'Agabite,

(1) l. 5;
de la vie
des ss.
ch. 113.

# PREFACE.

Pere-maître & Abbè de nôtre sainte Solitaire, du precedent auis, m'occasionnent de proposer en celuy-ci, l'état & la condition de sa regle & de son habit. Les reuerends Peres Carmes la tiennent pour étre de leur Ordre, ils la produisent en images sous l'habit & le surnom de Carmeline ; & pretendent sur l'autorité des actes de sa vie, (i) qu'à la sortie de la maison de son Pere, elle se retira dans vn de leurs Monasteres au delà du Nil, & que là se jettant aux piés de Theodose qui en étoit Abbé, elle le suplia de la vouloir reuétir de l'habit de la tres-sainte Vierge du Mont-Carmel.

J'auouë que c'est ici vn priuilege que je n'ay droit ny de combatre, ny de leur disputer, qu'autant que l'amour de la verité qui est vn bien public, au quel tout le monde à droit de prendre quelque part, m'y peut engager, & qu'ils me permetront de leur dire, que quoy qu'il puisse étre de la chose, les preuues qu'ils en apportent, ne sont assurement, ny assez fortes pour établir cette opinion qui leur est toute propre, & que personne n'a encore jusques-

(i) Au liu. de leur paradis de la beauté du Carmel etat 2. âge 6. ch. 133.

jufques-ici voulu partager auec eux ; ni
aſſez conuaincantes pour la perſuader
aux autres, qui ſçauent par la lecture des
actes de ſa vie, qu'il ne s'y rencontre
aucune de toutes ces circonſtances ; &
que Metaphraſte ſemble aſſurer tout le
contraire, quand il dit que le Monaſtere
de l'Abbé Theodoſe, étoit du nombre
de ceux de Sceté, dans l'Iſle de The-
bennes, & tout autre que celuy dans lequel ſainte Euphroſine prit l'habit, &
fit profeſſion de la vie ſolitaire, &
dont l'Abbé ne ſe trouue jamais appellé
ni par Metaphraſte, ni dans les actes
plus anciens de ſa vie, du nom de ſon
Bâtême, ou de ſa famile ; mais toûjours
& conſtammant de celuy de ſa dignité,
& de ceux d'ancien ou de Senieur.

Et tout ce raiſonnement a paru ſi
plauſible à quelqu'autre de leurs Auteurs, (i) qu'ils n'ont point fait de dif-
ficulté de l'aprouuer dans leurs écrits:
Mais ce qui met l'opinion contraire
hors même de toute apparence de vé-
rité, c'eſt que le Breuiaire de ce ſaint
Ordre, dreſſé par l'autorité de ſes Cha-
pitres generaux, & approuué même du
ſaint Siege, ne dit pas vn ſeul mot de

(i)
Didac.
Car.
lin. 8.
chron.
Carmel
ch. 27.

ſ

# PREFACE.

l'Abbé Theodofe, ni du Conuent des Carmes, ni de l'habit de nôtre-Dame du Carmel ; quoi qu'il n'oublie rien des autres circonftances de la vie de nôtre illuftre Sainte.

VI. Quantà fes reliques, quoi-que je femble les vouloir entierement partager (1) entre les deux Eglifes de l'Abbaïe de faint Iean & du Prieuré de Roiaulieu, je ne pretens pas neamoins troubler dans leur pretenduë poffeffion les Eglifes (2) de Bologne en Italie, & (3) de la Chartreufe de Rutile fur la Mozelle, qui fe glorifient d'en conferuer de notables parties.

Enfin, pour dernier auis que j'ay à vous donner, vous fçaurez au fujet du feptiéme difcours, qu'encore que la Fête de la Tranflation de fainte Euphrofine, arriue toûjours le fecond Dimanche d'aprés Pâques, je n'ay pas laiffé de donner à chacun des Pfeaumes de Matines, vne Antienne propre & particuliere, afin qu'elles pûffent encore feruir aux Offices de fes autres Fêtes, qui arriuent en d'autres tems de l'année. Quant aux prieres : aprés l'inuocation des trois diuines perfonnes, & les inter-

(1) difc. 6. Art. 5.

(2) Maf finie en fes rare-tés de la ville de Bologne.

(3) Rai-fine en fon trefor des chofes facrées de la Belge.

ceſſions de la diuine Marie, le chef-
d'œuure de leurs ouurage, & la Mere
commune des croyans; & celles des
eſprits bien-heureux qui nous ont été
donnés au momcnt de nôtre naiſſance;
en office & qualité d'Anges gardiens;
l'ay crû étre aſſez à propos d'y en ad-
jouter encore quelqu'vnes pour honorer les ſaints Patrons & tutelaires des
ſaints Lieux où les ſacrées Reliques de
de la même Sainte repoſent & ſont
reuerées.

L'vne à ſaint Iean Bâtiſte, qui en eſt
comme le principal protecteur, & premier titulaire : vne autre à ſaint Loüis
Roy de France, qui luy a depuis été
aſſocié à la garde de ſon precieux dépôt
Vne troiſiéme à l'honneur de ſaint Auguſtin, comme au Pere des Clercs ou
Chanoines Reguliers qui y ſont em-
ployez par l'autorité de l'Egliſe, au
ſeruice de ſes diuins Autels, & pour
y offrir à Dieu les preſens & les vœux
des fideles. Vne quatriéme, a ſainte
Geneuieue ſpeciale Patrone de Paris
& du Royaume, laquelle merite bien
de n'étre point ſeparée dans la deuotion des peuples François, de celle,

auec laquelle elle femblé en auoir par-
tagé le gouuernement & la protection,
laiſſant à celle-ci la Campagne & les ſolitudes, pendant qu'elle continuë l'e-
xercice de ſon zele & de ſa charité,
pour la conſeruation des têtes couron-
nées & des plus grandes Villes, afin de
pouuoir finir ma priere, par celle
qui ne m'a ouuert la bouche que pour
le recit de l'hiſtoire de ſa vie, à la gloire
du tres-ſaint nom de Dieu, & à l'edi-
fication des fideles.

Aprés quoy, mon cher Lecteur, je
n'ay plus rien à vous dire, ni de raiſon
pour retarder vos pas, & vous empécher
l'entrée de ce jardin delicieux. Il vous
eſt donc à preſent libre d'en parcourir
toutes les allées des parterres, & d'en
recueillir à pleine main les fleurs &
les fruits qui vous ſeront également
vtiles & agreables. Ie vous prie ſeulement, afin que vous n'y rencontriez
rien qui puiſſe arrêter le cours de
vos innocentes delices, de vouloir
prendre la peine de jetter les yeux ſur
la feüille ſuiuante.

# Fautes plus notables furuenuës à l'impreffion.

| Corrigez. | Lifez. | Page. | Ligne. |
|---|---|---|---|
| Solitairs &c. | Solitaires. | 5. &c. | 2. &c. |
| enchent &c. | enchant. &c. | 11. | 18. |
| glorieux, | pompeux, | 20. | 21. |
| y | & | 36. | 24. |
| feroit | feroit | 38. | 7. |
| *Adjoutez* des infuportables | | 40. | 2. |
| il trauaille | il fe trauaille. | 48. | 15. |
| il plaira àDieu. | il luy plaira. | 60. | 6. |
| *Oftez*, | & | 74. | 1. |
| faits | faites | 78. | 19. |
| pleintes, | plaintes. | 79. | 3. |

la trifteffe à la joie, au lieu de la joie à la trifteffe, page 81. ligne 11.

*Adjoutez*, vôtre fille bien-aimée. 81. 18.

& que vous étes. comme vous étes Paphnuce, page 81. ligne 19.

| deliurée, | deliuré, | 85. | 8. |
|---|---|---|---|
| bon-heur, | bonne-heure, | 88. | 3. |
| le, | fe, | 90. | 4. |
| Pere, | frere, | 90. | 8. |
| declaré, | declarée, | 90. | 10. |

| Corigez | Lifez. | Page | lignt. |
|---------|--------|------|--------|
| n'en, | ne, | 97. | 24. |
| des, | de, | 104. | 5. |
| *Adjoutez*, | fans autorité, | 106. | 8. |
| dedié, | dediée, | 108. | 1. |
| encore, | encor, | 108. | 16. |
| fes jours, | fon cours, | 109. | 13. |
| remporter, | emporter, | 111. | 22. |
| d'hommes, | d'homme, | 120. | 16. |
| du Liege, | de Liege, | 121. | 5. |
| compofez, | compofées, | 123. | 8. |
| cœrces, | coerces, | 126. | 16. |
| paradito, | paraclito, | 126. | 22. |
| nota, | apta, | 128. | 9. |
| luy, | vous, | 153. | 8. |
| Martyr, | Martyre, | 161. | 20. |
| *Adjoutez*, | y, | 166. | 19. |
| *Oftez*, | la, | 168. | 17. |
| *Adjoutez*, | de, de | 169. | 1. |
| qu'il, | qu'ils, | 277. | 15. |
| fa vie, | nôtre vie, | 180. | 23. |
| vaines, | vains, | 189. | 1. |

*dans l'Epitre.*

| appren, | apprend | 2. | 8. |
|---------|---------|----|----|
| peut | pût | 6. | 4. |

*dans la Preface.*

| precedens | precedentes | 4. | 23. |

S.<sup>te</sup> Euphrosine Vié d'Alexandrie mourut en
l'an de N. S. 470. apres auoir Vécu 56. ans. 18. en la
maison de Son Pere, et 3 8. en habit de Solitaire,

# LA VIE

## DE Ste EVPHROSINE

### VIERGE D'ALEXANDRIE.

### PREMIER DISCOVRS.

## DE SA NAISSANCE ET

### DE SON EDVCATION.

### ARTICLE

*Le Mariage & la Pieté de Paphnuce Pere de sainte Euphrosine.*

POVR commencer le dif-
cours de la vie de sainte
Euphrosine par l'eloge de
ses pieux & nobles parens,

A

fon pere nommé Paphnuce viuoit
fous l'empire de Theodofe le jeune.
C'étoit vn Seigneur tres-vertueux
& des plus qualifiés de la ville d'A-
lexandrie, capitale de l'Egipte :
Et fa Mere, dont l'hiftoire ne nous
aprend pas le nom, étoit auffi
d'vne tres-haute condition, mais
encore plus recommandable par
le merite de fa vertu, que par le
rang de fa naiffance.

Tous ceux qui eurent quelque
connoiffance de cette alliance,
également illuftre & religieufe,
jugerent facilement qu'vne vnion,
auffi fainte que belle, ne deuoit
rien produire en fon tems qui ne
fut digne de celui, qui en étoit
le veritable autheur.

Cependant, quoi que la maifon
de ces deux aimables conjoints,
reffembla beaucoup mieux à vn
Paradis de bien-heureux, qu'à vn
Palais de jeunes Courtifans, tant

par la profõ de paix dont on y joüif-
foit, que par l'odeur de fainteté
qu'elle exhaloit par tout : on ne
laiffoit pas neantmoins d'y entendre quelquefois des foupirs ac-
compagnés de larmes, & pouffés
du plus profond de leurs cœurs,
par vne crainte auffi legitime que
naturelle aux perfonnes mariées,
de ne pas laiffer au monde aprés-
eux d'heritiers de leurs fortunes,
& de leur pieté.

Pour remede à vne fi fenfible
douleur, ils ont recours au Pere
des mifericordes, & au Dieu de
toute confolation : ils fe vont
prefenter deuant lui, les mains
pleines de tout ce que la charité la plus ingenieufe leur a pû
fuggerer de plus propre & de plus
efficace pour fe le rendre propice
& fauorable.

Paphnuce de fon côté, gardoit
vn jeûne quafi continuel, il ne

bougeoit des Eglifes, & frequentoit fouuent les Hôpitaux, pour y pouruoir aux befoins des pauures malades ; & pour y foulager, par la liberalité de fes aumônes, la neceffité des autres miferables.

Sa chere époufe d'autre-part, profternée aux pieds des diuins Autels, & toute femblable à cette Anne fi celebre de la fainte antiquité, répandoit inceffamment fon ame par fes yeux en la prefente de fon Createur, pour lui demander la même grace qu'elle ; & auec le même vœu, de lui confacrer pour jamais le fruit qu'il auroit la bonté de lui donner.

## ARTICLE II.

*La naissance d'Euphrosine à la priere*
*des Solitairs d'Alexandrie.*

M A I S comme ces illustres affligés n'étoient pas moins humbles que feruens, & qu'ils se défioient par trop du merite de leurs prieres, pour presumer de l'effet d'vne grace aussi releuée, que celle qu'ils se proposoient pour fin de leurs désirs : ils furent d'auis d'implorer l'assistance des Solitairs du voisinage d'Alexandrie, & de les attirer de leur parti, en les interessant au succés de leurs vœux.

Paphnuce qui s'étoit chargé de la commission, va trouuer le S. Abbé d'vn Monastere, lequel étoit en tres-grande reputation de sainteté , & que (i) Pierre des Noëls qualifié du nom d'Agabite: Il l'aborde les yeux baignés de larmes, & se jette à ses pieds pour les baiser : il lui découure sa peine, auec des paroles entrecoupées de sanglots, & le conjure par tout ce qu'il y-a de saint & de sacré au Ciel & sur la terre , d'en auoir quelque compassion.

Le venerable vieillard ne fut pas insensible à son affliction, il le releue auec demonstration d'vne singuliere bien-veillance , & lui parle en termes propres à lui persuader la part qu'il prenoit à son ressentiment: Il l'exhorte de tout esperer de la bonté de Dieu, & lui promet de joindre ses prieres à celles de ses plus vertueux Solitairs, pour l'effet & l'accomplissement de son juste desir.

Paphnuce s'en retourne chez lui fort satisfait de la réponse

d'Agabite, & plein d'vne celeste
confiance d'y voir bien-tôt ses
souhaits accomplis. Son esperance
ne fut pas vaine : & Dieu qui se
plaît à preuenir les vœux de ses
plus deuots seruiteurs, lui donna
peu de tems aprés, vne tres-
belle fille, dont la naissance com-
blant toute sa famille d'vne in-
croiable joîe, lui fit prendre resolution de lui en faire porter le
nom, & de la nommer Euphosine,
lors qu'on la batizeroit.

Cependant, pour essaïer de reconnoître, en quelque maniere,
vn bien-fait si considerable, il
retourna voir ces Religieux solitairs auec sa chere épouse, pour
les prier d'en vouloir rendre à
Dieu de sa part, des remercimens
conuenables à ses obligations ; &
de lui offrir la continuation des
sacrifices de leurs levres, pour la
prosperité de toute sa famille.

## ARTICLE III.

*Euphrosine reçoit la grace du*
*Bâteme à l'âge de sept ans.*

IL seroit assez superflu de s'é-
tendre par de longs discours
à persuader le soin qu'à dû
prendre Paphnuce, de la premiere
education de son aimable fille :
Et d'vne fille demandée à Dieu
auec tant de zele & d'ardeur ;
obtenuë du Ciel par tant de prieres & de larmes ; & receuë sur
la terre auec tant de joie & de
satisfaction : & enfin, d'vne fille
qu'il ne consideroit, ni moins
qu'vn riche present du Ciel à la
terre ; ni autrement qu'vn gage
precieux de la benediction de
Dieu sur toute sa famille.

Afin qu'elle pût retourner d'elle-même vers celui qui l'a leur auoit fi liberalement accordée; il la fit prefenter aux faints Fons de bâteme, lors qu'elle eut atteint l'vfage de raifon, pour y receuoir dans le bain facré des eauës falutaires, la grace de la diuine adoption.

Mais il ne s'oublia point en cette heureufe rencontre, de lui faire impofer l'agreable nom d'Euphrofine, afin que delà en-auant; elle pût étre la veritable joie de fes parens, & toute la gloire de fa patrie. Et certes, il ne fut pas trompé dans fon attente, & l'euenement qui la fuiuit de prés confirma pleinement la verité de fa prediction.

Car tous ceux qui depuis furent affés heureux pour meriter le bien defa conuerfation, fe laiffoient tellement aller au rauiffement de fes

charmans difcours, qu'il n'y auoit
que la violence d'vne preffante neceffité, qui les pût feparer de fa de-
licieufe compagnie ; & l'on peut
dire , ou qu'ils ne la quittoient
jamais fans peine, & qu'auec defir
de la reuoir au plûtot ; ou qu'ils
s'en retiroient feulement pour a-
uoir lieu de la faire connoître à
tout le monde , & de la publier
hautement par tout, auffi belle que
le jour, fçauante comme vne intelligence, & auffi fainte qu'vn bien-
heureux.

## ARTICLE IV.

*Belles inftructions de la Mere*
*d'Euphrofine à fa chere Fille.*

SA vertueufe mere qui ne
l'aima jamais que pour le
Ciel , quoi-qu'elle ne l'a
cherit pas moins que la prunelle

de ſes yeux, ſçachant aſſés combien elle étoit moins le fruit de
la vigueur de ſon corps, que l'effet de la foi de ſon cœur, lui re-
montroit ſouuent par les lumieres
de cette diuine vertu, qu'il y a
vne autre vie aprés celle-ci, que
la figure de ce monde eſt periſſa-
ble, & que toutes choſes y ſont
paſſageres ; qu'il n'eſt, à le bien
prendre, qu'vn pur ſeducteur dans
tous les apas trompeurs des faux
biens de la terre qu'il preſente à
nos ſens ; & qu'il ne nous les offre
jamais que pour nous ſurprendre,
& afin de corrompre la ſimplicité
de nôtre cœur, par la ſubtille
ruſe de ſes peruers enchentemiens.

Elle lui repreſentoit au contraire, que par l'eſperance & l'a-
mour de cette vie eternelle &
bien heureuſe, qui nous eſt pro-
miſe aprés celle-ci, il eſt toûjours
ici-bas auantageux de preferer

l'esprit au corps, le Ciel à la terre,
l'eternité au tems, & Dieu au
monde.

Enfin, elle lui faisoit entendre
que les enfans, quoi qu'infiniment
redeuables à leurs parens, par les
inestimables bien-faits qu'ils en re-
çoiuent incessamment, ne leur
doiuent neantmoins de respect &
d'obeïssance, que par raport &
subordination aux volontés de
leur souuerain, comme à la regle
de la leur : les Peres de nos corps
selon le tems, n'étant au plus
(luy disoit-elle) que les Images
viuantes du Createur de nos ames,
qui regne dans l'eternité,

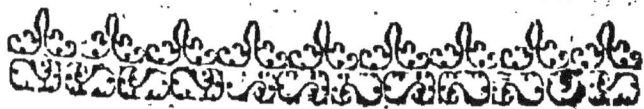

## ARTICLE V.

*L'admirable sagesse & sainteté
d'Euphrosine , & la mort
de sa mere.*

LA semence de ces diuines
paroles répanduës par la
voix de cette vertueuse
mere dans l'ame de la petite Euphrosine , n'y est assûrément pas
tombée comme sur vn champs sterile & infructueux ; mais elle y a
été reçûë comme dans vne terre
grasse & bien preparée par la main
d'vn diuin laboureur , afin d'y pouuoir en son tems fructifier vtilement , & produire le centuple.

Et comme il n'y a point de forme
sur la terre ; dont le Sauueur du

monde ne se reuéte, qu'il ne prenne
& n'emprunte pour nôtre amour, &
afin de contribuer au bien de ses é-
lûs : ce diuin Amant de nos cœurs,
prit auec celle de Iardinier, vn
plaisir singulier à cultiuer cette
jeune plante, pour la rendre vn
jour capable de porter des fruits
dignes de la bouche de son bien-
aimé. Et afin de lui faire jetter
de plus profondes racines dans la
pratique des vertus par l'agitation
des vents orageux de la tentation,
il commença de l'éprouuer par la
mort de sa tres-bonne mere, qu'il
retira de dessus la terre pour la
couronner dans les Cieux, & la
lui rendre la juste recompense que
meritoit vne conduite aussi sage
que la sienne.

Et bien qu'elle n'eut alors
qu'enuiron douze ans, elle souffrit
neantmoins cette grande perte
auec vne constance qui l'a fit ad-

mirer de tout le monde. Car fai-
fant reflexion que ni les trefors,
ni la nobleffe de fon Pere ; ni
les títres d'honneurs les plus eclá-
tans ; ni tout le haut credit de fa
fàmille, auffi nombreufe que puif-
fante , n'auoient pû fauuer , ni
garantir des atteintes & du coup
de la mort vne perfonne tres-ver-
tueufe, encore fi vtile au monde,
& qui auoit toûjours fi bien vfé
de la vie ; Elle jugea auffi-tôt que
toutes les grandeurs de la terre,
n'étoient que de tres-vains amu-
femens, qui ne deuoient pas feulement occuper vn efprit raifon-
nable : mais bien-moins arréter
vne ame Chrétienne , & éclairée
des lumieres de la Foi.

Et dés le mêmé moment, elle
forma le deffein d'y renoncer
pour jamais , de les moins efti-
mer que la fumée , & d'en faire
auffi peu de cas que de la bouë.

de chercher ailleurs vne alliance
eternelle, & des biens qui ne
periſſent pas : de remettre la ſo-
lemnité de ſes nopces à vne autre
vie que la preſente ; & de n'emploier déſormais les momens de
celle-ci, qu'à ſe preparer auec
plus de ſoin, aux chaſtes em-
braſſemens d'vn époux immortel
dans d'autre.

## SECOND DISCOVRS.

# DE L'AVERSION

D'EVPHROSINE POVR LE
Mariage, & de son amour
pour la vie solitaire.

### ARTICLE I.

*Paphnuce projete le dessein de la
marier contre sa volonté.*

EVPHROSINE croissant
tous les jours à vûë d'œil
comme vne belle aurore,
dans toutes les perfections

B

du corps & de l'esprit, à mesure
qu'elle auançoit en âge, ne deuoit pas manquer lors qu'elle
seroit nubile, de faux adorateurs
& d'illustres Amants.

Paphnuce qui ne songeoit aussi
qu'à la pouruoir auantageusement:
après en auoir rebutés plusieurs
qui ne lui aggreoient pas, pour
être de condition inegale à la
sienne: & après qu'il eut fort souuét
balancé durant quelques années,
lequel d'entre ceux qui l'auoient
demandée, la deuoit emporter : la
voiant enfin agée de dix-huit ans,
il crût qu'il étoit tems de con-
clure cette affaire, par vn choix
honnorable.

Et alors, sans consulter ni le
Ciel, où les mariages se doiuent
premierement traitter; ni les dif-
positions de sa fille, qui auoit le
principal intérét à cette affaire, &
dont il n'ignoroit pas la pieté vers

Dieu, qu'il sçauoit être l'vnique objet de ses amours. Et ne suiuant que les conseils trompeurs de la chair & du sang, fit dire aux parens de celui de tous ces braues riuaux, qui lui plaisoit le plus, & qu'il jugeoit preferable aux autres, tant par les auantageuses qualités de sa maison, que par le merite particulier de sa personne, qu'il se tenoit pour fort honnoré de la recherche qu'ils lui auoient fait faire de sa fille, & qu'ils se pouuoient assûrer que leur fils seroit toûjours le très-bien venu dans son logis.

Pauure Paphnuce que ie te plains, & que tu es digne de compassion ! bon Dieu ! qu'vne seule parole, & si legerement proferée, te doit vn jour coûter de sanglots & de larmes !

Et vous parens, qui aués ressenti les effets de la benediction de

Dieu sur vous par la fecondité de
vôtre mariage, souuennés-vous
de cet infortuné Pére, profités de
son malheur, & faites vous sages
par son exemple : gardez-vous
bien desormais, de vouloir comme
lui engager vos enfans de force
au joug du mariage : si du Sacre-
mét d'vne libre vnion, vous ne leur
en voulés faire vne dure chaîne de
sacrileges forçats : & sçachés vne
bonne fois pour toutes, que le
monde ne gemit plus sous la seuerité des Loix, qui n'étoient pas
encore bien d'intelligence auec la
pureté d'vn chaste Celibat : &
que deppis la liberté de l'Euangile, les plus simples couronnes
de la Virginité, sont infiniment
preferables deuant Dieu, aux
plus glorieux ornemens du mariage.

## ARTICLE II.

*Euphrosine medite une vie pareille
à celle des Solitairs.*

LA nouuelle de cette étrange
resolution de Paphnuce,
surprit extremembnt l'es-
prit de la jeune Euphrosine. Et
comme elle n'auoit point d'autres
armes pour se deffendre contre
l'autorité de son Pere, que la
foiblesse de ses larmes, elle les
sçût assés heureusement emploier
en cette rencontre, pour implorer
l'assistance du Ciel, & en obtenir
le secours dont elle auoit besoin.

Et c'est auec vne entiere confiance qu'elle s'y adresse, sça-
chant que le Dieu qu'elle adore,
à des secrets inconnus à toute la
prudence des hommes, pour pre-

B 3

seruer les ames virginales du Demon de l'impureté ; & que tous
ceux qui ont vraiment eu recours
à sa bonté, n'ont jamais manqués
de ressentir en leur necessité, les fauorables effets de sa puissance.

Sa priere acheuée, elle va trouuer son Pere, & lui demande sa
permission pour aller jusqu'au Monastere du S. Abbé, pour y prendre
sa benediction, qu'elle dit ne lui
être pas moins necessaire pour
l'heureux progrés, que pour les
bons commencemens de sa vie.
Paphnuce y donne les mains, &
consent tres-volótiers à ce voiage;
mais à condition qu'il en sera le
conducteur, & qu'ils iront de
compagnie.

Aprés les ciuilités ordinaires de
l'abord, & que le venerable Agabite les eut fait asseoir, Paphnuce
pour lui dire le sujet de son arriuée, lui parla de son dessein pour

le mariage de sa fille : Mais Euphrosine qui ne l'entendoit qu'à regret discourir sur cette matiere, ne pût si bien étudier sa contenance & se composer, qu'elle ne peignit le déplaisir de son cœur sur le siege de sa pudeur, & que ce sage vieillard, qui étoit d'vn esprit vif, & fort éclairé, ne s'en apperçût assés, pour se croire obligé de prendre occasion de lui dire dans le secret, qu'il étoit encore tems de penser à ce qu'elle auroit à faire : & qu'à tout euenement il la pouuoit asûrer, qu'il ni auoit point de mal de refuser l'obeïssance aux hommes, lors qu'il s'agissoit de faire la volonté de Dieu, qui n'est pas moins le Souuerain des Peres que des enfans.

Cet auis étoit trop important au repos d'Euphrosine, pour n'être pas reçû auec toute la reconnoissance qu'il meritoit ; & l'on ne

B 4

peut aſſés dire combien il lui ſer-
uit dans la ſuitte du tems, non
ſeulement pour la confirmer dans
le deſſein de garder inuiolable-
ment à ſon diuin Epoux, & l'in-
tegrité de ſa chair, & la pureté de
ſon cœur; mais auſſi pour lui faire
entreprendre de mener vne vie
ſemblable à celle de ces fameux
Solitairs, dont la mortification des
ſens, l'attention à la Pſalmodie,
& la joie interieure parmi toutes
les auſterités de leur regle, qu'elle
n'auoit ceſſé de contempler auec
admiration durant tout le tems
de ſon ſéjour au Monaſtere, lui
ſembloient étre bien moins l'a-
panage d'vne vie miſerable & paſ-
ſagere, que la condition d'vne
ame glorieuſe & triomphante.

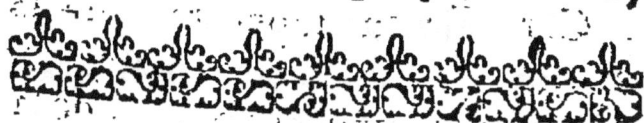

## ARTICLE III.

*La mortification, les jeûnes & les*
*aumônes d'Euphrosine.*

EVPHROSINE étant reue-
nuë du Monaſtere, comme
autrefois Moïſe de la mon-
tagne, où il auoit vû & parlé à
Dieu face-à-face, & comme vn
ami faiſoit à ſon ami, c'eſt a dire
le viſage tout brillant de lumiere,
& tout enflammé de ce feu ce-
leſte que le Sauueur du monde y
eſt venu allumer, auroit volon-
tiers ſouhaité d'être encore comme
vne autre Magdelaine inſepara-
blement collée & attachée aux
piés de ſon diuin Maître, pour
y goûter à loiſir les inexplicables
douceurs de ſon adorable parole.

Car elle en rapporta dans la
maison de son Pere vn si grand
dégoût pour tous les plaisirs de la
terre, que la compagnie des personnes mondaines & seculieres,
luy étoit extraordinairement à
charge & ennuieuse , qu'elle ne
fuïoit pas moins la rencontre des
jeunes libertines, que les regards
venimeux de quelque Basilic , &
qu'elle auroit plutôt souffert les
dernieres cruautés de la plus inhumaine barbarie , que les inso-
lentes galanteries de quelques
courtisans effrontés.

Si jusque-là elle auoit peut-étre
pris quelque soin de son corps &
de ses habits, soit pour complaire
à son Pere, ou pour ne paroître
pas tout-a-fait singuliere en sa deuotion, elle crût que pour l'auenir,
il y auroit du crîme pour elle, de
dissimuler d'auantage , & de ne
pas aller droit , où elle se sentoit

fi fortement attirée, fans s'arrêter
au, *Que dira-t'on* des hommes.

Depuis ce moment heureux,
bien l'oin d'vſer de fard ou de ſen-
teurs, elle faiſoit même du ſcru-
pule de ſe lauer le viſage d'eaüe
froide ; ſes diuertiſſemens plus
agreables & ordinaires, étoient de
mortifier les membres de ſa chair
de rudes Cilices, pour l'aſſujetir
plus parfaitement à l'eſprit. Et par
vne grace pareille à celle des enfans de la captiuité, les jeûnes &
les autres auſtérités, dont elle
matoit inceſſamment ſon tendre
corps, ne diminuoient rien de l'en-
bon-point de ſon viſage, ni de la
fraîcheur de ſon teint.

Enfin, ce ſeroit peu de dire,
qu'elle n'auoit plus que du mépris
pour ſes Diamans, ſes Perles &
ſes autres bi-joux ; ſi l'on n'ajoute
que ſon dédain pour toutes ces
ſortes de bagatelles, paſſa juſqu'à

en faire des profusions excessiues
en faueur des pauures, lors qu'elle
en vouloit plus promptement sou-
lager les besoins.

✻❧✻❧✻❧†❧✻❧✻❧✻

## ARTICLE IV.

*Euphrosine se fait instruire de la*
*maniere de vie des Solitairs.*

VN jour que l'on se preparoit au Monastere pour y
celebrer l'anniuersaire du
Fondateur, ou de la fondation de
la Chapelle, ou même de l'éle-
ction du venerable Agabite, à la
dignité de Superieur & d'Abbé.
Les Religieux qui consideroient
le Seigneur Paphnuce comme vn
de leurs principaux & plus signa-
lés bien-faiteurs, furent tous d'a-
uis de le faire conuier à cette

grande solemnité, pour y venir
joindre ses prieres aux leurs, &
prendre sa part de leur commune
joie.

Mais comme il ne se trouua pas
au logis a l'arriuée du Solitaire
qui lui auoit été enuoié, Euphrosine profitant d'vne si belle occasion, se voulut faire éclaircir sur
quelques points qu'elle desiroit ardamment de sçauoir. Elle lui de-
manda combien ils étoient de
Religieux dans leur solitude par-
ticuliére, & si leur venerable Prelat
ne se montroit pas difficile à receuoir ceux que Dieu lui enuoioit;
si tóus les Solitairs étoient obligés
de se trouuer au Chœur pour la
Psalmodie, & s'ils gardoient également & sans difference, les ab-
stinences, les jeûnes & les autres
rigueurs de la regle.

Pour satisfaire à chacune de ces
demandes, le Solitaire lui repon-

dit qu'ils étoient bien 352. Moines,
mais que ce grand nombre ne les
empéchoit pas de receuoir ceux
qui leur venoient auec les marques
d'vne veritable vocation, suiuant
l'exemple & la parole du Fils de
Dieu, qui ne rejetta jamais aucun
de ceux qui se presenterent à lui.
Qu'à la verité tous les Solitairs se
deuoient rencontrer au chant des
Pseaumes que l'on faisoit à l'Eglise;
mais que quant aux pratiques de
mortification, la regle vouloit que
sans vser de relâche ou d'indiscre-
tion, on eut égard aux forces &
à la disposition d'vn chacun.

Euphrosine toute rauie en Dieu
de l'entendre discourir d'vne maniere si conforme à son sentiment,
prit la liberté de lui ouurir son
cœur & de lui dire, qu'elle s'étoit
sentie fort souuent inspirée de renoncer au monde, pour se con-
sacrer au seruice de Dieu; mais

qu'elle en auoit toûjours été retenuë par la crainte de l'offenser, en des-obeïssant à son Pere, qui la vouloit absolument engager aux liens du mariage.

Il ne fut pas difficile au Solitaire, non seulement de lui resoudre ce cas de Conscience, puisque toutes les loix de la Iustice veulent que l'on obeïsse plutôt à Dieu qu'aux hommes, & que l'on prefere en toutes choses les biens eternels aux temporels, & le salut de l'ame à celui du corps; mais encore de lui faire comprendre l'injure qu'elle fairoit à la diuine Majesté de son souuerain Seigneur, s'il lui arriuoit de preferer l'alliance d'vne chetiue creature, au plus beau des enfans des hommes, qui bien loin de la corrompre par ses attouchemens diuins, donneroit au contraire à sa pureté virginale vn brillant tout nouueau.

※※※※※※※※※※※

### ARTICLE V.

*Euphrosine reçoit le voile sacré de la main d'vn Solitaire en la maison de son Pere.*

A Peine la conference d'Euphrosine & du Solitaire est elle acheuée, que Paphnuce reuient au logis : Il y reçoit auec beaucoup de joie la ciuilité des Religieux & du S. Abbé par la bouche du Solitaire : il le retient à dîner, & lui promet de satisfaire aussitôt aprés, à son obligeante priere.

Euphrosine à ce propos, pour ne pas perdre vn moment du tems qui commençoit à lui être si precieux, prit ses mesures, & depecha incontinent aprés le départ de son

de son Pere, le plus confident de
ses domestiques au Monastere d'vn
autre Saint Abbé, qu'on nommoit Theodose, pour lui en ame-
ner vn autre Solitaire : Mais la
diuine Prouidence qui gouuernoit
l'affaire, voulut qu'il s'en trouuast
vn dans la Ville, où il étoit venu
vendre de ses ouurages. Le Mes-
sager lui parle, & il la vient
trouuer.

Et comme elle lui eut ample-
ment deduit les dispositions de
son ame, & tout ce qui venoit
d'être dit & resolu entr'elle & cet
autre Solitaire, elle acheua son
discours par la tres-humble priere
qu'elle lui fit de la dedier au seruice
de Dieu, par la tonsure de ses cheueux, & par la benediction du
Voile de sa virginité.

Quoi-qu'il fût tres-facile au Solitaire de juger à l'accent d'Euphrosine de l'esprit qui l'animoit,

G

il lui repreſenta neamoins, que
cette affaire étant de la derniere
conſequence, il ne la falloit pas
reſoudre ſans y auoir bien penſé.
Qu'il s'agiſſoit, de la guerre
contre vn formidable ennemi, &
du bâtiment d'vne tour extremement haute & éleuée; & qu'elle
deuoit, auant toutes choſes, ſe-
rieuſement examiner, ſi elle auoit
aſſés de forces pour ſurmonter
le premier; & le fond neceſſaire
pour la perfection de l'autre, qu'autrement ſon entrepriſe ne pouroit éuiter le blâme de quelque
temerité.

Il adjoute enfin, qu'elle deuoit
encore entrer dans cette importante deliberation, tant pour aller
audeuant du reproche qu'on lui
pouroit faire, de n'auoir pû acheuer ce qu'elle auroit commencé;
que par la crainte de n'être pas
jugée digne du roiaume des Cieux;

si après auoir mis la main à la cha-
ruë, elle retournoit en arriere:
Puisqu'il n'y a personne qui ne
sçache, aujourd'huy, qu'il lui auroit été bien plus auantageux de
ne pas entreprendre cette vie parfaite des conseils Euangeliques,
que de l'abandonner aussi lâche-
ment, qu'elle l'auroit temeraire-
ment embrassée.

Mais comme il vit que toutes
ses remontrances ne seruoient qu'à
lui accroître le courage & à l'affer-
mir de plus en plus dans la premiere resolution; après les prieres
accoûtumées à la benediction des
Vierges, il lui coupa les cheueux
& la voilla, priant Dieu de
la vouloir prendre en sa sainte
garde, & de la fortifier de son
principal esprit, d'agréer les offices
de ses seruices, & de la preseruer
de tout mal.

C2

## TROISIEME DISCOVRS.

# DE LA RETRAITE
## D'EVPHROSINE DANS VN
### Monastere d'hommes.

### ARTICLE II.

*Elle est inspirée de changer l'habit*
*de son sexe.*

Ncore que la seule fer-
ueur du saint amour Eu-
phrosine lui ait pû suffir
pour commécer & conduire si heu-

reusement jusques ici l'ouurage de
son grand dessein. L'on peut neanmoins assûrer qu'elle eut absolument besoin de toute la prudence
de l'esprit saint pour l'accomplissement du reste d'vne si glorieuse
entreprise.

Le Solitaire du Monastere de
Theodose s'étant retiré plein de
joie, aprés la ceremonie des épousailles de nôtre diuine Amanté
auec l'époux sacré des ames saintes
& virginales, l'on ne peut assés
dire & suffisamment expliquer,
l'interdit & les angoisses où il laissa
cette nouuelle & innocente épouse, qui ne sçauoit ni quel conseil prendre, ni à quoi se resoudre
sur ce qui lui restoit à faire.

La premiere pensée de son cœur
alloit à se refugier dans quelque
Monastere de filles: mais la crainte
d'y étre reconnuë par son Pere, &
d'en étre retirée de force par la

consideration de son accordé, la
retenoit d'en venir à l'execution.
Et comme elle ne voioit point de
miliéu pour sa demeure, entre vn
Cloitre de vierges & la maison de
son Pere; & que de rester toûjours
dans celle-ci, ce feroit assûrement
exposer le tresor de sa vocation
au peril euident d'vn brigandage
assûré. Il n'est pas croiable combien de differentes pensées agi-
terent son esprit sur ce sujet.

Enfin pour essaïer de dissiper
tous ces nuages obscurs par l'é-
clat de quelque raïon d'enhaut,
elle mit les genoux en terre pour
implorer le secours du Pere
des lumieres, qu'elle auoit déja
éprouué en mille autres rencontres. Et aussi-tôt la voila
consolée & hors de trouble: son
ame reprend le calme & rentré
dans son premier repos: & toute
crainte en étant absolument ban-

...nie, par l'assurance de l'inspiration diuine, qui parle interieurement & sans bruit à l'oreille du cœur, elle prend vne genereuse resolution de mettre bas toutes ses foiblesses, en se depoüillant de l'habit de son sexe, & de se reuétir en prenant celui d'vn homme, de la force conuenable au genre de vie qu'elle deuoit embrasser.

Ainsi toute metamorphosée & trauestie en vn instant, elle prend sur soi quelque somme d'argent, & se derobe adroitement à la vûë de ses domestiques, jusqu'au lendemain matin qu'elle sort toute seule de la maison de son Pere, pour se laisser conduire à son bon Ange, & où l'esprit saint qui l'auoit si fauorablement preuenuë voudroit la faire aller.

## ARTICLE II.

*Euphrosine reçoit l'habit de Solitaire*
*sous le nom de Smaragde.*

EVPHROSINE aïant surmon-
té tous les trauaux du chemin de quelque journée,
auec vne generosité digne de son
grand cœur, arriue vn soir à la
porte du Monastere, d'où elle a-
uoit apris que son Pere étoit
parti le matin.

Elle dit à l'Abbé qui l'étoit venu
voir, & qui la prenoit, pource
qu'elle lui paroissoit au dehors,
qu'elle étoit vn des Eunuques
du Palais de l'Empereur, qu'elle
se nommoit Smaragde & que
Dieu lui aïant fort souuent

donné de tres-grands degoûts
pour les vanités du monde, & de
preffants defirs pour fon feruice,
elle s'étoit enfin refoluë de quitter fort fecretement la Cour pour
fe venir jeter à fes piés, & lui demander la grace de pouuoir étre
admife, quoi-que tres-indigne, au
nombre de fes vertueux Solitaires.

Ce religieux Prelat jugeant à
fon air de parler de l'efprit qui
l'amenoit, n'eut pas la moindre
penfée de lui refufer fa demande, au contraire, il lui témoigna
beaucoup de complaifance pour
fa generofité au mépris des grandeurs & plaifirs de la terre ; &
même l'afsûra qu'il étoit le tres-
bien venu, & qu'il ne tiendroit
qu'à lui de refter toute fa vie au
Monaftere.

C'eft afsûrement, mon Pere,
lui repartit Smaragde trop d'honneur pour moi, de demeurer en

la compagnie de tant de saints
Religieux, mais puisque vôtre
grande bonté veut bien ne me
pas refuser cette grace, voila mon
Pere encore (1) cinq cens écus qui
me reftent de mon voiage, & que
vous agrérés, s'il vous plaît, en
me receuant en vôtre sainte So-
cieté. & si je fuis affés heureux
pour y perfeuerer, je puis affû-
rer vôtre Reuerence, qu'elle en
receura bien d'autres auantages.

(1) En
fa vie,
chap. 3.
an. 10.

---

## ARTICLE III.

### *Euphrôfine eft foûmife à la direction du Solitaire Agape.*

Q Voi-que le venerable A-
gabite qui auoit reçû Eu-
phrofine fous le nom de
Smaragde, à l'habit de Solitaire,

ne dût pas ignorer le fond de sa
solide pieté vers Dieu ; neanmoins
comme il ne sçauoit que trop par
sa longue experience, qu'il ni a-
uoit rien de si dangereux pour vne
ame religieuse, que de se vouloir
conduire dans la Vertu par ses
propres lumieres, il lui donna
pour directeur & Pere-maître dans
la vie spirituelle, vn ancien Moine
d'vne vertu éprouuée, & aussi exemplaire qu'eminente, nommé
Agapite ou Agape, afin de pouuoir étre formé à la vertu, d'vne si
bonne main : C'étoit vn homme
mort à toutes ses passions, fort
éclairé dans la science des Saints,
& qui ménoit depuis lon-tems,
vne vie toute cachée en Dieu auec
Iesus Chrit.

Euphrosine fut rauie de trouuer
vn Ange pour son guide au Ciel,
en la personne du religieux Agape,
qu'elle sçauoit, pour l'auoir sou-

pent oüi dire à ceux qui auoient
le bien de le connoître, n'être
pas moins capable de lui en fraïer
le chmin par les beaux exemples
de sa sainte & tres-edifiante vie,
que de l'a lui montrer par les salutaires leçons de sa saine & pieuse
doctrine.

Agape de son côté, considerant
le poids du fardeau qu'ô lui venoit
de mettre sur les epaules, & que
desormais son propre salut ne dé-
pendoit pas seulement de celui de
son cher Neophite, mais aussi du
degré de perfection, auquel il
étoit apellé selon la mesure de la
grace qui lui en seroit donnée,
n'épargnoit, ni soins, ni veilles,
ni prieres pour le faire toûjours
marcher d'vn pas égal, aux graces
de sa vocation.

Euphrosine par ce moien, auançoit à grand pas de jour à autre,
dans la voie des diuins comman-

demens, sous les fauorables auspices d'vn si sage guide, & croissoit tous les jours de Vertus en Vertus, comme vne aurore naissante jusqu'au plein midi de la gloire des Saints, toutes choses conspirant à l'enuie, pour en faire l'vne des plus grandes Saintes de son siecle.

## Article IV.

### *Euphrosine est exercée par le Demon.*

EVPHROSINE étoit trop-bien instruite à l'école du S. Esprit, pour ignorer les artifices du Demon, & que c'est vne des maximes fondamentales du Christianisme, que tous ceux qui cōmencent d'entrer au seruice

de Dieu, & qui s'addonnent serieu-
sement aux exercices de la Pieté,
sont ordinairement exercés par les
épreuues de la tentation.

Elle auoit jusques ici trop glorieusement triomphé des portes
de l'Enfer, & de toute la rage de
Satan, pour être laissée dans le repos par ce fier & insolent ennemi.
Et celui qui comme vn lion ru-
gissant ne cherchoit partout qu'à
deuorer les plus simples & innocentes brebis du bercail de Iesus
Christ, ne deuoit assurément pas
épargner cette inuincible & triomphante Iudith, qui auoit déja
tant de fois mis le desordre dans
son camp, après lui auoir souuent
porté le fer au sein jusque dans le
milieu de sa tente, & de ses plus
forts retranchemens.

Il emploie donc toute sa force
& ses ruses contre cette Illustre
& sainte Amazone, pour lui jeter

dans l'ame le dégoût de sa vocation, & l'obliger par ses continuelles illusions de renoncer lache-
ment à la religion qu'elle auoit
embrassée, pour reprendre le
monde qu'elle auoit si genereusement foulé aux piés.

Il luy declare & fait connoître
à cette-fin par les images qu'il lui
imprime dans les sens, le déplorable état, où elle auoit re-
duit son tres-aimable Pere, de
qui elle n'auoit jamais reçû que
des témoignages sinceres de la
plus tendre amitié; & que Dieu
haïssoit extremement cette Pieté
plus que barbare & inhumaine,
qui ôte la vie par vn traitement
des plus cruelles & rigoureux, à
ceux qui nous l'ont si charitable-
ment donnée.

Il s'efforce de lui remontrer ensuite le bien qu'elle auroit pû
faire en la compagnie de son futur

Epoux : & la follie de son choix
dans la preference des rigueurs
du Cloitre, aux innocentes delices de la maison de son Pere,
moins contraires, que fauorables, à la pratique des plus belles
Vertus.

Enfin, il lui reproche auec des
exaggerations impudentes, l'in-
decence & la temerité de son entreprise, à se renger parmi des
hommes, de quelque apparente
probité qu'ils pûssent être. Et il
trauaille inutilement à lui faire
voir que demeurant au monde,
elle y pouuoit joüir des entretiens & de la conuersation des
plus honnétes gens de sa Pro-
uince, & de celles mêmes de son
sexe & de sa condition.

Article

# ARTICLE V.

## *Euphrosine triomphe de Satan par sa reclusion.*

MAis cét orgueilleux Prince de tenebres indigné de voir qu'Euphrosine ne daignoit pas seulement l'écouter, & qu'elle n'auoit que les derniers mépris pour des traits partis d'vne si foible main ; tout en furie & plein de rage, s'auisé pour se vanger d'vn si sanglant & outrageux affront, de se répandre par les yeux dans le cœur des moins vertüeux Solitaires, & de troubler leurs imaginations par mille phantômes, également importuns & messeants, à la vüe d'Euphosine

D

allant & venant par les lieux reguliers, & aux exercices com-
muns : à cause de l'admirable
beauté dont Dieu l'auoit doüée,
& qu'elle n'auoit pû perdre, ni en
quittant son nom, ni par le changement de l'habit de son sexe.

Ces choses n'étoient pas de si
petite côsequence, qu'elles dûssent
être ignorées du venerable Abbé,
& les Religieux lui en aiant fait
vne declaration ingenuë & sincere,
il decouurit assé facilement l'in-
fame auteur de cette horrible
confusion.

Pour arréter le cours des fu-
nestes effets d'vn si pernicieux ve-
nin, & ne pas perdre les bonnes
esperances qu'il auoit conçües de
son Nouice, il crût être à propos
de le renfermer dans quelque Cellule écartée du bruit, afin qu'il
y pût faire son salut dans le si-
lence, & hors de la frequenta-

tion des autres Solitaires.

Cette ordônance ne fut pas plutôt
concertée, qu'Agape fit venir son
Disciple pour en entendre le juge-
mêt prononcé par la bouche de son
venerable Prelat, qui lui enjoignit
de faire desormais sa priere tout
seul dans le lieu même où il seroit conduit par son Pere-maître;
& de ne se plus trouuer en la compagnie des autres, non pas même
à la Psalmodie, ni à aucun autre
des exercices qui se font en commun; en vn mot, qu'il ne se mit
plus en peine, que de son auancement spirituel, & qu'il se re-
posa de tout le reste, sur les soins
charitables de son cher directeur.

Euphrosine qui étoit prosternée
contre terre tandis que le saint
Abbé lui parloit, la baisa fort
humblement, & auec toute la
soûmission possible aux adorables
volontés de son souuerain Sei-

D 2

gneur : puis elle le remercia de
la grace qu'il lui faisoit en la se-
parant de ses autres Confreres,
dont elle se reconnoissoit deuant
Dieu tres-indigne.

Mais elle se garda bien de lui
rien dire de cette joie secrete qu'-
elle ressentoit, de se voir par cet
admirable moîen mise à couuert
des atteintes de la calomnie, & à
l'abri des justes soupçons que l'on
auroit pû prendre de son sexe dans
la suite du tems, par les traits de
sa premiere beauté restés sur son
visage, que ses veilles, ses jeûnes
& ses autres austerités, n'auroient
pû encore effacer.

## QVATRIEME DISCOVRS.

### DES VISITES DE PAPHNVCE à Euphrosine, & des entretiens d'Euphrosine à Paphnuce.

### ARTICLE I.

*Paphnuce la fait en vain chercher*
*de toutes parts.*

PRES auoir mis nôtre aimable Euphrosine dans vn port aussi asûré que celui de sa chere solitude, où

D 3

elle ne doit plus auoir, ni de con-
uerſation que dans les Cieux, ni
d'entretiens qu'auec les Anges,
nous l'y pouuons bien laiſſer ſans
crainte, pour retourner vers le
pauure Paphnuce, que nous auons
tantôt laiſſé aller & reuenir ſeul
du Monaſtere, afin de n'abandonner pas d'vn ſeul moment ſa
chere-fille, & de pouuoir étre
toûjours témoins de ſes plus glo-
rieuſes auantures.

Auſſi-tôt qu'il en fut de retour
au logis, & qu'on lui eut apris
l'abſence depuis quelque jour de
cette incomparable fille, vous ne
l'auriés pû voir ſans compaſſion,
s'aracher les cheueux, ſe déchirer
les joûës, & s'affliger le corps de
mille autres manieres ; & enfin ſe
broüiller l'eſprit d'vne infinité de
ſoupçons ; ſur tous ceux que ſa
phantaiſie lui repreſentoit comme
capables de l'auoir enleuée, ou

de lui auoir au moins donné conseil de le quiter.

Mais comme il en fût assés facilement des-abusé par la bonne part, que chacun lui témoigna prendre à sa juste douleur; & ceux mêmes qui lui pouuoient être les plus suspects; il tourna toutes ses pensées à la faire soigneusement chercher de tous côtés, enuoiant tout ce qu'il pût, & assembler de ses amis, & ramasser de ses seruiteurs; les vns par tout l'Egipte, la Libie & la Palestine; les autres sur les grands chemins, aux ports de Mer, & aux portes des Villes; & d'autres enfin, par les Hermitages, les Cloitres & les Cellules de toutes les contrées voisines.

Mais comme toute la circonspection des hommes est fort inutile, pour la decouuerte d'vn secret que Dieu veut retenir caché; tous ces diuers messagers reuinrent

D 4

les vns aprés les autres, fans raporter la moindre nouuelle d'Euphrofine : quoi-qu'ils fe pûflent
vanter de n'auoir épargnés ni
peine , ni dépenfe , & d'auoir
même parcouru prefque toute la
Mer & la terre , pour en aprendre quelqu'vne.

Ce fut alors que le deplorable
Paphnuce , la croiant morte ou
perduë , & fans efperance de la
reuoir jamais , abandonnât fon
cœur, fes yeux & fa langue , aux
foûpirs, aux larmes & aux com-
plaintes , qui touchoient fi viue-
ment tous ceux a qui on en parloit, que toute la Ville en fut incontinent changée en duëil , &
qu'il étoit impoffible à ceux qui
venoient chez-lui pour le confo-
ler , de ne pas méler leur larmes
auec les fiennes , pour deplorer
auec lui fa difgrace & fon infor-
tune.

Car, où étes-vous, disoit-il,
dans le transport & l'excés de son
affliction, ô ma tres-bonne fille,
& ma chere Euphrosine, jusques-
ici toute la joie de mon cœur, &
l'vnique flambeau de mes yeux?
Où sont les voleurs qui me l'ont
si malheureusement rauie, & en
quel endroit de la terre, ces de-
testables parricides auront-ils pû
cacher cet inestimable tresor?

## ARTICLE II.

*La priere des Solitaires pour
aprendre au Ciel quelque nouuelle d'Euphrosine.*

PAphnuce reuenant à lui de
ce profond accablement d'esprit, plus propre à le mettre
au tombeau qu'à lui rendre sa fille,

prit vn meilleur conseil, & fut
d'auis de faire chercher au Ciel
celle, dont on ne lui auoit pû
dire de nouuelles sur la terre.

Il s'adresse pour cet effet à ses
anciens amis, les Solitaires de son
voisinage, qu'il sçauoit par l'experience du passé, n'y auoir pas
peu de correspodance & d'accés;
& se persuadant auec quelque
raison, qu'ils y pouroient bien
encore aprendre ce que peut étre
deuenuë cette fille bien-aimée,
qu'ils y ont autrefois merité de
lui obtenir.

Mais à même-tems que ces Religieux solitaires s'epuisoient de
toutes leurs saintes forces par jeûnes, veilles & prieres à cette fin:
Euphrosine de son côté, qui auoit
apris le sujet de l'arriuée de son
Pere, redouble toutes les siennes
auec tant de ferueur, pour n'étre
pas connuë des hommes auant sa

mort, qu'elle merita d'étre exau-
cée, & de rendre pour cettefois,
inefficaces deuant Dieu, les vœux
de tous fes vertueux Confreres.

De forte que le bien-heureux
Agabite, qui paffoit par tout pour
vn des principaux organes du faint
Efprit, & que l'on confultoit prefque de tous les endroits de la terre
habitable comme vn Prophete, à
qui Dieu faifoit connoître les
chofes auenir ou abfentes, comme
paffées ou prefentes ; n'eut point
d'autre réponfe à faire, au tres-
affligé Paphnuce, finon qu'il deuoit bien efperer de fa fille, &
qu'elle étoit en lieu où il n'y auoit
rien à craindre pour elle : qu'il l'a
reuerroit afsûrement vn jour, &
que fes Religieux n'auroient pas
manqués d'en auoir quelque re-
uelation du Ciel fi, en quelque
part qu'elle fut, elle n'y étoit pas
en état de falut.

Ie vous conjure-donc, ô mon cher Paphnuce, pourſuit ce grand homme de Dieu, de mettre fin à vos larmes, & de vous conſoler: de viure toûjours en eſperance de reuoir vôtre fille quand il plaira à Dieu : & cependant d'adorer les ordres de ſa diuine Prouidence, qui ne peuuent étre que juſtes, quoi-que cachés ; puiſqu'il ne tombe pas même vn petit paſſe-reau ſur la terre ſans ſa diſpoſition, & qu'il y auroit aſſûrement de la temerité de trouuer à redire, à ce qu'il ne nous eſt pas même loiſi-ble de vouloir comprendre.

Paphnuce qui étoit vn fort hôme de bien, & qui auoit toûjours été nourri dans les ſentimens de la plus religieuſe Pieté, n'eut pas grande peine à conformer ſes de-ſirs aux volontés du Ciel ; & pour en témoigner même dauantage ſa parfaite reſignation, il s'en voulut

expliquer par la propre bouche du
glorieux Martir de la patience,
& en ces admirables termes : le
Seigneur me l'auoit donnée , le
même Seigneur me l'a voulu retirer : son saint Nom soit à jamais
beñi.

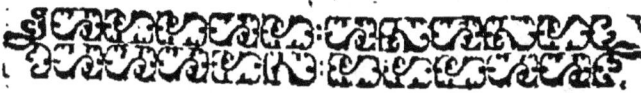

## ARTICLE III.

*Paphnuce rend visite à Euphrosine*
*sans la reconnoître.*

SI le venerable Agabite ne
pût contenir sa joie , de voir
le seigneur Paphnuce baiser
auec tant de generosité la main
qui le frapoit , sans en faire part
à ses plus vertueux Confreres ; il
pût aussi-peu empêcher les élans
& la voix de son cœur d'en rendre
de continuelles actions de graces

au souuerain Auteur de tous les biens qui nous arriuent.

Mais comme c'est la nature des choses mêmes les plus parfaites de cette vie, & qui ne roulent que sur l'inconstance du tems, de ne pouuoir subsister en vn même état, & de tendre toûjours à la defaillance. Paphnuce ne s'en étoit pas si-tôt retourné dans son logis, que sa douleur comméçoit à s'y renouueller à la vûë, soit de la chambre & des autres lieux qui étoient de l'apartement de sa fille ; soit des habits & des meubles qui auoient été à son vsage ; & qui lui en rafraîchissant les images dans la mémoire, l'obligeoient de retourner au Monastere, pour y trouuer le charme sacré de ses ennuis, dans la sainte conuersation de ses meilleurs Amis.

Vn jour entr'autres qu'il étoit venu voir le saint Abbé, ce sage

Vieillard fut inspiré de lui offrir pour sa consolation, les entretiens du vertueux Smaragde, aprés lui en auoir dit tout le bien qu'il en sçauoit, & que c'étoit vn Seigneur de marque, qui auoit abandonné toutes les grandeurs de la Cour Imperiale, pour se venir enfermer dans ce chetif Hermitage, où il faisoit depuis quelques années, des progrés admirables dans la pratique des plus heroïques Vertus.

Paphnuce s'estime bien-heureux de pouuoir pratiquer vn si grand personnage, & de passer auprés de lui quelqu'heure de ses fâcheux ennuis : Il en accepte auec joie les obligeantes offres du bien-heureux Abbé, & sans perde de tems, le va trouuer accompagné jusqu'à la porte, de la personne du Solitaire Agape.

C'est ainsi que Dieu toûjours

fidele en ses promesses, & qui par
vne force égale à sa douceur, conduit heureusement châque chose
à sa fin , auoit resolu de rendre
Euphrosine à Paphnuce, & la fille
à son Pere ; c'est à dire par des
voies inconnuës à la plus perçante
des vûës, & d'vne maniere aussi
éloignée du desir de celui-la ; que
differente & peu conforme à la
pensée de celle-ci,

Cependant il entre dans l'Hermitage, & passe jusqu'à la petite
Cellule de la pauure Euphrosine :
il la voit , & elle lui parle ; mais
sans l'entendre & sans la reconnoître pour ce qu'elle lui étoit :
La preoccupation de son esprit
l'empéchant d'y remarquer autre
chose que ce qu'on luy en auoit
dit auparauant.

Il n'en fut pas pourtant de même
d'Euphrosine qui reconnut si bien
son Pere à l'abord, au port & à la
voix

voix du defolé Paphnuce, qu'elle
ne le pût regarder fans quelque
faififfement, & fans apprehen-
fion d'en étre reciproquement reconnuë.

Car bien que dans cette furprife elle eut affés de prefence
d'efprit pour deffendre à fa langue
de la trahir, par la decouuerte du
fecret de fon cœur ; il ne lui fut
pas neamoins poffible d'empécher que fes yeux ne lui donnaffent
à diuerfes reprifes abondance de
larmes.

Toutesfois Paphnuce heureufement preuenu de fon rare merite, n'en pût tirer autre auantage
pour fon deffein, que de les at-
tribuer à la grace & au don que
Dieu lui auoit fait, d'en verfer
à fa deuotion & quand il lui
plaifoit.

## ARTICLE IV.

### Admirables discours d'Euphrosine à Paphnuce.

LEs plus grandes difficultés de ce premier abord heureusement surmontées, Euphrosine prit la parole & dit à Paphnuce, de faire la priere ensemble : C'étoit là coûtume des anciens Solitaires de se mettre à genoux pour prier Dieu, quand il leur arriuoit quelque hôte, auant que de s'entre-parler, pour se premunir & se fortifier contre les illusions & les tromperies du Demon.

Elle lui parle ensuite du Roiaume de Dieu, & de la beatitude

des Saints , dont elle lui étale si
agreablement , & auec tant de
majesté les rauissantes merueilles,
qu'il sembloit au bon seigneur
Paphnuce, que toute la gloire du
Paradis fut descenduë en vn instant dans la petite Cellule du
bien-heureux Smaragde.

Mais elle n'est pas contente de
l'amour qu'elle lui a donné pour
la beauté de ces diuins Taberna-
cles, si elle ne lui aprend encore
le chemin qu'il faut tenir pour y
arriuer. Elle lui fait donc entendre par mille beaux traits, tirés
des écritures saintes , que la patience dans les aduersités , est vn
des plus asûrés moiens de nous
en acquerir la possession : & que
la glorieuse Cité des Bien-heureux
étant fondée sur la cime des plus
saintes Montagnes , il n'y a que
les ames genereuses & violentes à
leurs inclinations, qui en puissent

E 2

meriter la qualité de citoïennes.

Et pour defcendre de ces maximes generalles au detail des
befoins plus preffans de Paphnuce,
elle continua de lui dire que le
grand point de perfection pour
vne perfonne de fon âge & de fa
condition, feroit de viure dans vn
entier dégagement de tout ce qu'il
y a déclatant & de flateux au
monde ; de faire vn bon vfage
des biens que Dieu lui a donnés,
& d'auoir toûjours vne parfaite
conformité d'efprit aux volontés
de fon Souuerain ; fans fe laiffer
aucunement aller au defordre de
la plus part des parens qui aiment
plus ardamment les enfans que
Dieu leur a donnés, que celui
même qui les en a gratifié.

Enfin, elle acheua fon difcours
par l'affûrance qu'elle lui donna,
qu'en fe gouuernant de la forte, il
fe pouuoit attendre qu'en quelque

maniere que les choses allassent,
elles tourneroient toûjours à son
auantage : & qu'il arriueroit infailliblement que Dieu se laissant
flécchir à sa perseuerance, accor-
deroit enfin, à la bonne conduite
de sa vie, ce qu'il auoit auparauant refusé à ses larmes, & aux
prieres mêmes de tant de saints
Religieux.

C'est à dire qu'aprés lui auoir
fait connoître que sa fille étoit trop
bien née pour s'éloigner de sa maison paternelle, si ce n'auoir été
pour obeïr à la voix de son Pere celeste, & qu'elle n'a rebuté l'époux
temporel qu'on lui preparoit sur la
terre, que pour en faire choix d'vn
autre qui fut immortel dans les
Cieux, le moindre de ses regards
lui donneroit en vn moment tant
de satisfaction, qu'il oublieroit facilement tous les ennuis passés de
sa tres-longue absence.

## ARTICLE V.

*Admirables effets du discours
d'Euphrosine sur l'esprit
de Paphnuce.*

IE croi que l'on ne sera pas sur-
pris de voir sortir Paphnuce de
la pauure petite Cellule d'Euphrosine la joie sur le visage, pour
marque de la satisfaction de son
esprit, & tout autre qu'il n'y étoit
entré, quand on sçaura qu'elle ne
lui parla jamais que de Dieu & de
son salut ; & qu'elle le fit toûjours
de l'abondance du cœur, & auec
toute la vehemence possible.

Quand on sçaura di-je que toutes
ses paroles étoient comme autant
de gouttes de cette pluie douce

& volontaire qui tomboient sur la
greue de son cœur, pour en effacer les soüillures qui la defigu-
roient, ou comme vne rosée du
Ciel qui se repandoiét dans toutes
les facultés de son ame, pour y
laisser aprés-elle, vne diuine fecondité de toute sorte de saints
desirs.

Et enfin, quand on sçaura que
toute la tissure de son discours y
faisoit l'office de ce glaiue à deux
trenchans, dont parle (i) l'Apôtre; <sup>(i)</sup> soit par le retranchement de sa
tristesse immoderée; soit par la se-
paration des moindres impuretés
qui y pouuoient étre restées; afin
qu'il ne s'y trouua plus desormais
de sentimens qui ne fussent dignes
d'vn esprit tout celeste, vraiment
Chrétien, & tel qu'elle desiroit étre
celui de son tres-cher Paphnuce.

En effet, tout le cours de cet
entretien lui parût partir d'vne

E 4

(i)
Heb. 4.
vers. 12.

charité ſi ardante ; & d'vn zele ſi
deſintereſſé à lui procurer les vrais
biens de ſon ame ; & il y trouuoit
encore tant de douceur & de goût
qu'il ne s'en pouuoit aſſés raſſaſier,
& qu'il auroit ſoûhaité qu'elle
n'eut jamais diſcontinué de parler, afin qu'il la pût toûjours entendre. Son eſprit même demeura
ſi perſuadé de toutes les verités
qu'elle lui auança ; & de la neceſ-
ſité des auis qu'elle jugea à propos
de lui donner , qu'il ne delibera
point à ſe reſoudre de les ſuiure ,
& mettre en pratique.

Mais Euphroſine qui aprehen-
doit de ſe faire reconnoître à force
de lui parler & d'étre lon-tems
expoſée à ſes yeux ; prit ſon pre-
texte ſur l'heure de ſa retraite &
de ſa priere ; ou de quelqu'autres
exercices de ſa regle, pour le con-
gedier plus ciuilement , & auec
tous les remercimens poſſibles de

l'honneur de sa visite.

Il sort donc, puisqu'il le faut,
& se retire d'auprès de son Ange
consolateur, mais c'est pour aller
droit à la Cellule du bien-heureux Abbé, & pour lui dire aussi
plein de joie que d'admiration,
qu'il n'avoit jamais vû d'homme
parler comme le vertueux Smaragde, ni entendu d'exhortations
si touchantes que les siennes ; que
ses paroles, brillantes comme des
éclairs, & aussi purifiantes que le
feu, avoient calmé toutes les inquietudes de son ame, & dissipé
tous les ennuis de son cœur ; desorte qu'il ne voioit plus de nuages
dans son esprit capables de le troubler, & qu'il se croioit étre dore-
en-auant assés fort pour vaincre
& surmonter par la grace du tout-
Puissant, & les plus sensibles
douleurs, & les plus affligeantes

diſgraces : &c en vn mot, que jamais remontrance ne l'auoit tant
édifié que celle de cet incomparable reclus, & qu'il n'étoit pas
ſorti moins ſatisfait & conſolé de
ſes charitables entretiens, que s'il
auoit eu le bien de voir en ſa per-
ſonne ſon aimable Euphroſine.

## CINQVIEME DISCOVRS.

# DE LA MORT ET DES MIRACLES DE SAINTE Euphrosine.

### ARTICLE I.

*Elle est visitée de Paphnuce dans sa Maladie.*

IL y auoit trente-huit ans qu'Euphrosine continuoit ce genre de vie admirable & plus digne d'vne pure intelli-

gence, que d'vn efprit engagé
dans la maffe d'vne chair corruptible, lors que fon foible corps,
tout épuifé de fes forces, & ne
pouuant plus refifter aux innocentes cruautés qu'elle exerçoit
depuis tant d'années fur lui, ni
fouffrir dauantage cet étrange di-
uorce de fon efprit auec fes Sens,
par fa continuelle application aux
chofes du Ciel, l'a contraignit
amoureufement de ceder à la
force, & de fuccomber à la violence du mal qu'elle enduroit,
pour fe coucher & s'étendre fur
fon pauure grabat, comme fur
vn bucher d'amour, afin d'y con-
fommer fon facrifice par fa mort.

Paphnuce étoit alors au Monaftere: Mais, helas! bien loin
d'y trouuer à fon ordinaire la confolation qu'il y étoit venu chercher, il fut au contraire faifi d'vne
fi cuifante douleur au bruit de

cette affligeante nouuelle, qu'il
en pensa tomber en défaillance;
& qu'allant aussi-tôt à l'Hermitage, par la permission du saint
Abbé, il dit à son cher Consolateur, en arrousant son lit de ses
larmes, ces touchantes paroles.

Ah! mon pauure frere que je
suis malheureux, & ne puis-je pas
bien me dire au jourd'huy le plus
miserables des hommes? J'étois
venu au Monastere pour y receuoir de vôtre bouche quelque
parole de consolation; & voici, que contre mes attentes,
je suis contrains de vous voir à
l'extremité de la vie. Vous sçaués
qu'il y a trente-huit ans que je
pleure la perte de ma chere fille,
& vous étiés l'vnic que je con-
nûsse au monde, capable de m'en
consoler.

Ah! mon Dieu, que vous plait-
il que je deuienne à l'aduenir, &

à qui m'adresserai-je deformais
dans le fort de ma douleur, & dans
l'excés de mon affliction pour en
étre confolé ! Vos paroles ô mon
cher Smaragde, auoient agi auec
tant d'efficace fur mon efprit,
qu'elles lui auoient perfuadé l'e-
fperance de reuoir Euphrofine ma
chere fille ; & j'étois jufques-ici
toûjours demeuré ferme dans
cette confiance, depuis que vous
m'auiés fait la grace de m'en parler.
Mais au jourd'hui que je vous voi
à la veille de vôtre trépas & moy
preft de mourir aprés vous, que
deuiédront vos promeffes & celles
que tant d'autres faints Religieux
m'ont faits, que je ne mourois
pas fans l'auoir vûë ; puis qu'en
verité vous perdant je pers toute
efperance de la reuoir ; & qu'aprés
vous, il ne me refte plus rien à
craindre, ni à defirer.

## ARTICLE II.

*Euphrosine se declare à son Pere & meurt.*

APHNVCE n'eut pas le ploisir d'acheuer le discours de ses pleintes qu'il continuoit toûjours; Euphrosine l'interompant brusquement tant par la crainte d'en être emûë, que par le desir de le reprendre auec quelque seuerité de son peu de confiance en Dieu: & reueillant sa foi comme endormie, par l'exemple fameux de l'illustre Ioseph; qui fut rendu aussi plein de gloire que de vie à son inconsolable Pere, qui le déploroit déja comme mort, & d'vne mort tout a fait

déplorable, lui dit auec l'assû-
rance d'vne personne qui ne parle
point sans sçauoir, que s'il vouloit
bien rester encore seulement trois
jours au Monastere, il ne se re-
pentiroit peut-être pas de son attente ; & que Dieu lui pouroit bien
faire la grace de reconnoître que
la main de sa toute puissance ne
seroit point affoiblie pour son re-
gard, & qu'elle pouuoit encore
en nos jours, ce qu'elle auoit si
souuent fait autrefois en faueur de
ses plus fideles seruiteurs.

Paphnuce obeït ponctuelle-
ment aux ordres d'Euphrosine, &
la reuient voir au troisiéme jour,
pour sçauoir ce qui lui auroit été
reuelé, & ce qu'elle auroit à lui
dire au sujet de sa chere fille : Et
elle qui se sentoit alors insensiblement aller à Dieu par le chemin
de la mort, lui dit d'vn ton de
voix capable de le faire pâmer
d'amour

d'amour, ces charmantes paroles.

Seigneur Paphnuce, c'est assés vous auoir jusques-ici tenu l'esprit en suspens du sort de vôtre fille, il est desormais tems de vous éclaircir d'vn fait qui vous touche de si prés, & je diray même qu'il est de la justice de le faire, pour donner quelque relâche à vos soupirs, & faire succeder enfin, dans vôtre cœur la tristesse à la jóie.

Paphnuce étoit dans l'impatience d'aprendre ce qu'elle lui vouloit dire ; & elle qui le remarquoit assés à l'inquietude de sa contenance. Sçachés donc, lui dit-elle poursuiuant son discours, que je suis Euphrosine vôtre fille, & que vous étes mon tres-honoré Pere.

Aprés cela que me peut-il rester à vous dire, sinon que vous soiés content, & viuiés en repos ; que vous oubliés toutes vos inquietudes passées, & que vous cessiés

F

de me faire chercher dauantage
où je ne fus jamais : que vous ne
vous enqueriés point des raisons
de la conduite de Dieu sur ma personne, qui ne sont pas moins adorables que secretes ; & que vous
m'aidiés seulement à le remercier
d'vne infinité de bien-faits que
j'ai reçûs de la main liberale de
son infinie Misericorde tout le
cours de ma vie : & singuliere-
ment des graces qu'il m'a fait de
me preseruer du peché, & des
pieges de mes ennemis; de m'auoir
même réduë victorieuse de tous les
atraits de la nature, des charmes
du monde, & des forces de l'Enfer.

Mais comme elle s'aperçût que
l'étonnement de Paphnuce croissoit à mesure qu'elle se décou-
uroit à lui par de nouuelles marques; pour abreger son discours,
& lui faire reuenir le sens, elle le
pria de trois choses qui lui de-

uoient comme tenir lieu de testa-
ment aprés sa mort. La premiere,
de ne reueler à personne tant qu'-
elle viuroit le secret qu'elle venoît
de lui declarer : vn autre , de la
vouloir enseuelir de ses propres
maïs quãd elle seroit decedée, sans
permettre à aucun autre de lauer
ou toucher son corps ; Et la derniere , de faire part de ses biens
au Monastere où Dieu étoit si religieusement serui, pour degager
la parole qu'elle en auoît donnée
au bien-heureux Abbé , les premiers jours de sa conuersion ; puis
qu'il auoit plû à la diuine bonté
de lui faire la grace d'y perseuerer
jusques à la mort.

Acheuant de parler, elle acheua
de viure, & le premier jour du premier des mois , fut celui de son entrée dans l'eternité sainte du glorieux séjour des bien-heureux, qui
commence toûjours & ne finit jamais.                          F 2

# ARTICLE III.

*Paphnuce découure le secret d'Eu-*
*phrosine sans y penser.*

PAPHNVCE tout hors de lui-
même des choses si surpre-
nantes qu'il venoit d'entendre, & jettant des cris effroiables,
se laissa choir par terre comme
mort, & presque sans respiration
& sans poux, au piés du lit de sa
chere Euphrosine.

Agape qui n'étoit pas loin, ac-
courut au bruit, & jugeant aussi-
tôt de la pamoison de l'yn par la
mort de l'autre, sans entrer plus
auant dans le mistere de l'affaire,
s'adressa au seigneur Paphnuce,
& après lui auoir jetté de l'eauë sur

le visage pour le faire quelque peu
reuenir, lui dit pour le consoler,
que s'il aimoit vraiment Smaragde
il ne deuoit pas être jaloux de son
bon-heur, & qu'au lieu de s'a-
trister de sa mort, il s'en deuoit
rejoüir ; puis qu'elle l'auoit deli-
urée des miseres de cette vie, pour
le faire joüir des felicités de l'e-
ternelle : Que si Smaragde les
auoit quittés, ce n'étoit que pour
vn tems, & qu'ils esperoient de le
reuoir bien-tôt ; qu'il n'étoit allé
au Ciel deuant-eux que pour y
preparer leurs places, & commé
ami commun y negotier leur retour : & que cependant le plus
court pour eux, seroit de trauail-
ler à l'imitation de ses saintes Vertus, afin de le pouuoir suiure de
prés dans cette souueraine demeure des esprits bien-heureux.

Enfin, Paphnuce quelque peu
reuenu à lui par les soins, & au

ſon de la voix d'Agape, & ſans
s'aperceuoir qu'il fut là, ſe jette
à corps perdu ſur la bouche virginale de ſon aimable fille, & la
baiſant mille & mille fois, diſoit
& rediſoit cent & cent fois, & ſans
y garder aucun ordre: d'vn ton de
voix lamentable, & auec des paroles entrecoupées de ſanglots.
Ah! qui l'auroit jamais crû ou
penſé que Smaragde fut Euphroſine! & neanmoins je n'en ſuis a-
preſent que trop perſuadé. Oüi
Smaragde, mais Smaragde de nom
vous étes Euphroſine en effet.

Mais pourquoi, ô ma chere fille,
vous étes-vous ainſi cachée de
moy? Et que ne vous découuriés-
vous plutôt à mon ame, afin que
je me pûs ranger auprés de vous
pour étre, & le compagnon de
vôtre chere ſolitude, & le diſciple
de vôtre ſainte école? Mon Dieu
vous ne l'aués pas voulu, ni per-

mis afin déprouuer ma patience,
& de couronner sa perseuerance.
Que le tout, mon souuerain Seigneur, soit à la plus grande gloire
de vôtre adorable Majesté. Mais
vous mes yeux, où étiés-vous de
ne pas reconnoître viuante, celle
que vous reconnoissés si clairement aprés sa mort ? Quels nuages
vous couuroient, & de quels en-
chantemens pouuiés-vous être
charmés ?

O ma chere fille que je vous re-
mets vn peu tard pour ma satisfaction ! puisque je ne vous voi
à present deuant mes yeux, que
selon la moindre partie de vous-
mème ; & qu'aprés le souuenir de
vous auoir vûë vn moment auant
vôtre mort, il ne me doit plus
rester de vous, que la vûë du tombeau qui renfermera vos precieu-
ses Reliques, pour être doré-
nauant, & le sujet de mes larmes,

& l'objet de ma veneration.

Allés donc, poursuit-il, ô ma chere Euphrosine, allez à la bonne heure, allés au Ciel, puisque la terre ne merite plus de vous posseder, & qu'il n'est pas possible à toute la force des hommes de vous y retenir dauantage. Allés-vous, dirai-je encore vne fois, allés prendre possession de la gloire qui vous est preparée dés l'origine du monde ; allés celebrer des nôces éternelles, & joüir pour vn jamais des adorables embrassemens du diuin Epoux, que vous aués si sagement preferé à celui que je vous destinois si mal à propos ici-bas.

Cependant je me resous de passer le reste des jours de ma vie dans cette aimable solitude, & dans cette même sainte Cellule, tant qu'il plaira à Dieu d'y prolonger le cours de mes années, &

d'y celebrer tous les ans vôtre Fête
auec toute la solemnité possible,
au propre jour de vôtre bien-heureuse mort. Ie conuiray même
tous les saints Anges de s'y trouuer auec moy, afin de pouuoir plus
dignement rendre graces à Dieu,
par le mélange & l'accord de ma
voix à la leur, des inestimables
couronnes, & de la gloire immortelle de leur bien-heureuse Sœur,
& de ma tres-sainte fille.

## ARTICLE IV.

*Les Solitaires prient Euphrosine,*
*& elle rend la vûë à l'vn d'eux.*

AGAPE tout interdit des
miracles qu'il vient d'a-
prendre, s'encourt aux
dortoirs, & par toutes les Cel-

lules, pour en faire part tant aü
venerable Agabite, qu'aux autres
Solitaires. Il crie à haute voix,
pour ſe faire mieux entendre : venés mes freres, venés & accourés
tous pour être témoins de la plus
grande merueille que Dieu ait fait
en nos jours. Nôtre Pere Smaragde, ou plutôt nôtre Sœur Euphroſine, s'eſt declaré au ſeigneur
Paphnuce ſon Pere, auant que de
rendre ſon ame à Dieu.

Vous euſſiés vû au bruit
de ces étonnantes paroles, tous
ces Religieux ſolitaires ſortir de
leurs Cellules , comme autant
d'innocentes Abeilles de leurs ru-
ches, & s'enuoller vers l'Hermitage, pour s'y repoſer aux piés de
cette fleur virginale. Le bien-
heureux Agabite comme porté
ſur les aîles de ſon ardante charité, y étant arriué des premiers,
& prenant la parole pour tous,

lui fit cette humble & deuote priere.

Euphrosine épouse de mon Sauueur, vraie fille de l'Eglise, & imitatrice des Saints, qui triomphés dans la gloire, tandis que nous combatons encore fur la terre, je vous prie par cette diuine charité qui vous à toûjours ici-bas animée, de ne pas oublier vos Freres de religion : fouuenés-vous, s'il vous plait, auffi de ce pauure Monaftere, qui vous a ouuert fa porte & ferui de refuge ; & de nous obtenir la grace de vaincre à vôtre exemple, tous les ennemis de nôtre falut, auec celle de vous voir vn jour dans la vie bienheureufe. Ainfi foit-il.

Cette commune priere acheuée, chacun felon fon befoin, lui en fit de particulieres ; & pas vn ne manqua de reffentir les fauorables effets de fon interceffion auprés de Dieu.

L'vn d'entr'eux, qui auoit par quelque accident perdu la vûë d'vn œil, la recouura en baifant auec reuerence fon facré corps, & au même inftant qu'il lui eut à cette fin adreffé fa priere. Et côme il fe fut leué au milieu de la compagnie pour leur faire admirer le miracle de la toute-puiffance de Dieu, operé en fa perfonne par les merites de fa Sainte, & pour les prier de joindre leurs actions de graces aux fiennes, afin de remercier fon infinie bonté de fes ineftimables bien-faits, il n'y eut perfonne qui ne fe mit à loüer auec lui la diuine grandeur, qui fe fait voir en tout tems, admirable en fes Saints.

## ARTICLE V.

## *EUPHROSINE EST* mise au tombeau.

Tandis que tous ces bien-
heureux Solitaires aban-
donnent leurs cœurs à la
joie, & qu'ils ne songent qu'à
remplir l'air des loüanges qu'ils
rendent à Dieu, il n'y a personne
qui s'auise de faire donner la sepulture à Euphrosine, le S. Abbé
fut le premier à y faire reflexion,
& il donna aussi-tôt les ordres necessaires pour lui rendre ce dernier
deuoir, auec toute la pompe ima-
ginable, & la magnificence possible : jugeant fort bien qu'elle ne

laiſſeroit pas de leur être toûjours
preſente en eſprit, quoi-qu'abſenté
de corps, & que le tombeau qui
la deuoit derober à leurs ſens, ne
les empécheroit pas de lui offrir
l'encens de leurs prieres.

Par ce moïen toute la ceremonie
s'en fit au milieu d'vn peuple infini,
qui y étoit alors venu de toute-
part, & auec l'aplaudiſſement vni-
uerſel de toute cette nombreuſe
aſſiſtance, qui s'en retourna chez-
ſoi, beniſſant Dieu de la grace
qu'il leur auoit fait, d'étre témoins
d'vne ſi grandé merueille.

Enfin, aprés que Paphnuce ſe
fut pleinement acquité des dernieres volontés d'Euphroſine, au
ſujet des funerailles de ſon corps,
& de la diſpoſition de ſes propres
biens, tant au profit des pauures,
qu'en faueur du Monaſtere, il fut
mis par l'ordre du vertueux Agabite en poſſeſſion, non ſeulement

de la precieuse Cellule de sa
bien-heureuse fille, de son pauure lit, & de tous les autres petits meubles qui auoient été à
son vsage durant sa vie, mais
aussi de son même tombeau aprés
sa mort.

Et certes il paroissoit bien rai-
sonnable, que celui qui auoit durant l'espace de dix ans, mené vne
vie si exemplaire & tres edifiante
dans ce saint lieu, fust jugé digne
de n'étre point separé par la mort
de celle que le sang & la vertu lui
auoient si étroitement conjointe
pendant sa vie.

Mais comme toutes les choses
d'ici-bas sont sujetes à la vicissi-
tude & au changement, de crainte
que l'honneur si justement dû
au merite de leur sainte vie, ne
souffrit quelque diminution par
le cours des années, il y fut
auantageusement pouruû par vn

decret singulier de l'assemblée generale de tous les Solitaires du
Monastere, qui veut que la memoire de leurs Fêtes se fasse inuio-
lablement tous les ans au propre
jour de la precieuse mort de leurs
venerables Confreres.

## SIXIEME DISCOVRS.

# DE LA TRANSLATION

## DE SAINTE EVPHROSINE.

### ARTICLE I.

*Ses Reliques sont apportées*
*d'Egipte en France.*

VPHROSINE étoit vn So-
leil trop brillant pour n'é-
clairer qu'vne des moin-
dres parties du monde,
& pour n'en pas faire ressentir

G

la France, qui en est comme l'œil,
quelques benignes influences de
ses plus raïonnantes ardeurs.

Comment, je vous prie, cette
Reine des Prouinces de l'Vniuers
pour sa franchise & pour sa pieté,
auroit-elle pû meriter autrement
le tître glorieux de Depositaire
generale de la riche dépoüille des
plus illustres Conquerans du Roiaume des Cieux? Non seulement
de ceux qu'elle a nouris & cherement éleués dans le sein de sa
charité tres-Chrétienne; mais de
ceux mêmes, qui aprés auoir passé
les plus beaux jours de leur sainte
vie dans des terres étrangeres, lui
sont venus demander aprés la
mort, le droit de sepulture, & de
naturalité; si elle n'auoit au moins
possedé à son tour les sacrés ossemens de nôtre auguste Vierge?

Ie ne rougis pas neamoins d'a-
jioüer, qu'il seroit difficile de re-

marquer ici precisément le tems
qu'elle fut honorée d'vn si riche
trefor. Et cela certes par vn malheur qu'on ne peut assés déplorer,
pour n'étre que trop commun à la
plufpart des Eglises de France, qui
ont perdu, soit par les diuers mouuemens de la guerre, soit par les
frequentes persecutions de l'heresie, les plus anciens & autentiques monumens de la gloire de
ses Saints.

## ARVICLE II.

*Les Reliques de sainte Euphrosine*
*transportées de son Monastere*
*d'Alexandrie en celui de saint*
*Jean aux bois de Compiegne.*

Ainsi toute la preuue qui nous
peut rester aujourd'hui d'vn
fait si memorable, ne peut étre

G 2

fondée que sur la trradition du
Païs, & du Monastere où elles ont
été si honorablement reçûës, & si
religieusement conseruées jusques
à present, laquelle porte;

Que la piété de quelqu'vn de nos
Rois les aiant obtenuës pour quelqu'vne des Eglises de Reims, &
que les y faisant conduire par la
forest de Guise ou de Compiegne,
comme elles furent assés prés d'vne
celebre Abbaïe, fondée pour des
Religieuses Benedictines à l'honneur de saint Iean Bâtiste, Prince
des Ames virginales & solitaires,
Elles deuinrent tout à coup im-
mobiles & si pesantes, qu'il ne fut
pas pssible à toute la force & l'industrie des hommes de les transporter plus loin, ni de les faire
passer outre.

A même tems, toutes les cloches
de la Chapelle de cette Maison
Roialle sonnerent d'elles mêmes,

& auec tant de melodie, soit pour
faire honneur à cette illustre A,
mante des Saints deserts, soit
pour annoncer son heureuse venuë
aux habitans & riuerains de cette
vaste & fameuse Forest, que les
Dames Religieuses plus surprises
qu'aucun autre, d'vne si étonnante
meruueille, & craignant auec raison, d'être reprises ou blâmées,
soit de mépris ou de manque d'e-
stime pour les œuures miraculeux
de la toute-puissance de Dieu, de
ne les point admirer comme les
autres, elles sortirent de leur
Cloître, mais auec ceremonie &
en procession, pour aller rendre
leurs tres-humbles respects à celle
que Dieu vouloit ainsi faire honorer.

Et comme elles furent arriuées
au lieu du miracle & de l'assemblée, deux des plus jeunes fen-
dant la presse, & s'approchant des

G3

sacrées Reliques pour en baiser la
Chaffe auec toute la veneration
poffible, elles la trouuerent à leur
abord deuenuë fi legere, que la
chargeant fur leurs épaules, elles la
pûrent auffi facilement porter que
les oifeaux leurs plumes, qui les
chargent bien moins qu'elles ne
les foulagent.

Chacun fe prit incontinent à
benir Dieu par des Cantiques de
loüanges, pendant que ces pru-
dentes Vierges s'en retournerent,
auec autant de joie que de diligence dans leur fainte Chapelle,
pour lui confier la garde d'vn fi precieux dépôt, à la confolation des
fideles, & au foulagement des malades. Pas vn des affiftans ne crût fe
deuoir oppofer à cette auffi hardie
qu'extraordinaire entreprife, la
voiant autorifée de prodiges qui
marquoient affez clairement la volonté de Dieu, & le confentement
de fa Sainte.

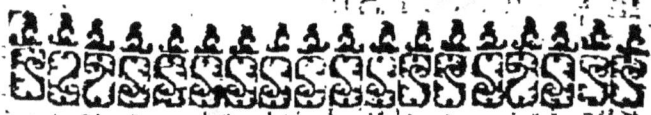

## ARTICLE III.

### La Croix dite de sainte Euphrosine honorée par la deuotion des Peuples.

L A Reuerende Abbesse &
ses deuotes Religieuses, ne
pouuant assés dignement
exprimer la joie de leurs cœurs,
par de simples paroles, & se sen-
tant par trop obligées à Dieu & à
sa fidelle Epouse, pour ne pas
laisser à la posterité quelque témoignage insigne de leur juste reconnoissance, firent éleuer au même lieu du miracle, & où la Chasse
s'étoit diuinement arretée, vne
fort belle Croix de Pierre de taille,
auec vne table de même au pié,
qui s'apellent encore aujourd'hui

G 4

la Croix & l'Autel de fainte Euphrofine , Euphraize ou Euphraze
par les habitans du Païs , & par
ceux mêmes qui y viennent de fort
loin faire des neûuaines , des prieres, pour la guerifon des malades.

Et comme l'on fait tous les ans
vne Fête tres-folemnelle de cette
admirable Tranflation dans l'E-
glife de cette Abbaïe le fecond
Dimanche d'aprés Pàques , l'on y
à aufli toûjours obferué cette loüable coûtume d'y porter , comme
en triomphe , quelque partie des
Reliques de cette glorieufe Vierge,
pour faire reffouuenir les peuples
de cet ancien miracle , & les obliger d'en rendre à Dieu de continuelles actions de graces,

Les fouuerains Pontifes & Noffei-
gneurs les Euéques de Soiffons,
pour autorifer dauantage les vœux
des Pelerins qui y viennent & as-
fluent de toute part , pour implo-

rer dans leurs befoins, les charitables affiftances de cet Ange fé-
courable, leur ont de tems en
tems accordé des Indulgences,
foit pour quelque diminution ou
pour la remiffion totale des peines
dûës à leurs pechez, & même la
permiffion d'ériger des Confrairies
à fon honneur, & fous l'inuocation de fon faint nom.

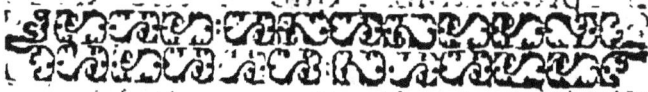

## ARTICLE IV.

*Guerifons miraculeufes par les in-*
*terceffions de fainte Euphrofine.*

Ais comme entre toutes
les preuues qui peuuent
raifonnablement perfua-
der aux efprits Catholiques, la
verité d'vne fi legitime poffeffion,
les plus autentiques font à mon

auis, les guerifons que cette charitable Sainte à de tout tems o-
perées, fur les perfonnes malades
qui font venuës reclamer fon fe-
cours dans fa Chapelle, pour quelque maladie que ce foit, du corps
& de l'efprit,

Et pour ne rien dire dans vne
matiere fi delicate & fi fujete à la
furprife : En voici deux témoins
irreprochables, que je tire de la
foule d'vne infinité d'autres, lef-
quels pour être gens de plume &
d'épée, qui ne croient ordinairement que ce qu'ils voient, & n'a-
joutent guere de foi qu'à ce qui
eft connu de tout le monde, en
feront d'autant moins fufpects de
fuppofition, qu'ils paroîtront plus
éloignés de la trop legere credulité
de quelque vaine fuperftition.

Le premier eft vn Gentilhomme
du Païs, qui fe fit peindre en vn fort
grand tableau, aux piés de nôtre

sainte Patrone, en posture de su-
pliant, comme pour la remercier,
dans cette humble disposition de
la santé qu'elle lui auoit miracu-
leusemét obtenuë par le merite de
ses intercessions auprés de Dieu.
Le tableau qu'il en offrit au Monastere pour marque de sa grati-
tude, paroit ancien de quelque
siecle aux traits de son pinceau.

L'autre est vn Procureur de Châ-
telet de Paris, nommé Cailleu,
homme de fort grand sens, lequel
en action de graces de la guerison
miraculeuse arriuée l'an de N. S.
1625. en la personne d'Anne
Charpentier sa femme, par les
glorieux merites de nôtre tres-
obligeante Sainte, lui fit dres-
ser par l'vne des meilleures plumes
du tems, pour monument eternelle de son infinie reconnoissance
cette himne Eucharistique que
l'on verra ci-aprés en latin, de-

diéà Madame Diane Clauſſe de
Fleuri, alors Abbeſſe de l'Egliſe
de ſaint Iean , dont la tombe
d'vn Marbre noir ſe voit encore aujourd'hui auec ſon Epitaphe grauée deſſus, entre le chœur
& la croiſée où étoit autrefois la
Chapelle des Abbeſſes. On les
pouroit ainſi chanter en nôtre
langue.

Q*V'en Concerts nôtre voix aujourd'uy*
*ſe déploie,*
*Honorons par des chants melodieux & doux,*
*Vne Vierge de qui le nom qui n'eſt que joie*
*La porte au cœur de tous.*

*Si ſon Nom réjoüit, ſa vie encore plus belle,*
*Où reluit la pudeur, la Foi, la Chaſteté,*
*De toutes les Vertus eſt vn parfait modelle*
*Qui doit être imité.*

*Cette Vierge de force & de prudence armée*
*Auecque tant de ſoin ſur ſoi-même veilla,*
*Qu'elle ſe trouua preſte, & ſa lampe allumée*
*Quand l'Epoux l'apella.*

*La fraude dont elle vse, est sainte & sans*
        *seconde ;*
*Quand sous le faux habit, dont son sexe*
        *est caché,*
*A Dieu seul découuerte, elle trompe le monde*
        *Qui la porte au peché.*

*Le logement étroit de cette grande hôtesse,*
*Auec elle renferme & borne ses desirs :*
*Les soûpirs & les pleurs qu'elle y verse*
        *sans cesse*
    *Font ses plus doux plaisirs.*

*A son Pere en mourant la fille se declare,*
*Elle cesse d'être homme en finißant ses jours,*
*Le Pere entre en sa place, & touché se prepare*
    *D'y terminer ses jours.*

*De l'Emeraude en terre elle effaça la gloire,*
*Au Ciel elle ternit des Aftres la splendeur,*
*Par son merite, ô Dieu, donne nous la victoire*
    *Sur la nuit de l'erreur.*

*C'est dans ce sacré Temple, où le chef de la*
        *Sainte,*
*Se garde auec le soin qu'on garde les tresors,*
*Cherchez y, Pelerin, la guerison sans crainte*
    *De l'esprit & du corps.*

*Soient à Dieu seul rendus honneurs, re-*
*spects, loüanges,*
*Soit toûjours & par tout son saint Nom*
*glorieux,*
*Puïssions nous comme Euphraze vn jour*
*auec les Anges*
*Le loüer dans les Cieux.*

## ARTICLE V.

*Sainte Euphrosine aprés sa mort*
*comme durant sa vie, se plait*
*dans les deserts, & en la com-*
*pagnie des Religieux.*

LE Reliquaire du chef de
Sainte Euphrosine, dont
vous venez d'entendre parler, comme étant lors de la com-
position de cette Himne, en la
garde des Dames Religieuses de
saint Benoît, pour le faire baiser,

& toucher à la tête dès perſonnes
malades , qui venoient implorer
l'aſſiſtance de leur ſainte Patrone,
eſt aujourd'huy en la diſpoſition
des Chanoines reguliers de ſaint
Auguſtin , par l'échange qu'ils ont
reciproquement fait de leurs E-
gliſes & Monaſteres , au mois de
Mars de l'an de grace 1634.

Et s'il nous eſt permis de raï-
ſonner ſur le preſent par le paſſé, ne
pouuons nous pas dire qu'il ne s'eſt
rien fait de tout cela que par ſon
ordre, & qu'elle l'a bien ainſi voulu
pour ne pouuoir conſentir ni d'a-
bandonner entierement ſa chere
Solitude , ni de reſter plus lon-
tems aprés ſa mort, ſans la compagnie de ceux qu'elle a toûjours
ſi cherement aimez durant ſa vie.

Car bien que chacune des parties dût par ſon traité remporter
auec ſoi les Reliques de ſon Egliſe,
neamoins les Dames Religieuſes

transferant leur demeure de l'Abbaïe de saint Iean aux Bois, au
Pricuré de saint Loüis de Roiaulieu, jugerent fort à propos d'y
laisser au moins cet ancien Reliquaire en forme de Chef, vétu à
la Religieuse, d'vn bois peint &
doré, au sommet duquel s'est trou-
ué sous vn tres-beau Cristail, vn
Os du crâne de la Sainte (d'où il
a été depuis transferé par honneur, & auec les solemnités re-
quises dans vn autre à la figure
de la même Sainte) & sur l'esto-
mach, vn autre ossemét de quelque
autre partie de son corps, léquel
se voit encore à present au même
endroit de ce premier Reliquaire.

Et si l'on nous permet encore
d'entrer plus auant dans la con-
jecture des raisons d'vne si heureuse conduite; pourquoi ne di-
sons-nous pas qu'elle n'est restée
dans sa premiere demeure selon
la prin-

la principale partie d'elle-même, que pour se conseruer toûjours, la joüissance d'vn heritage qui lui appartient par tant de títres, & qu'elle honore de sa presence, comme elle le protege par sa faueur depuis prés de cinq à six cens ans.

Car celui de nos Rois que l'on dit en auoir fait venir le corps entier, d'Egipte en France, doit asûrement étre Loüis VII. dit le Ieune ou le pieux, Philippes II. surnommé Auguste & Dieu donné, ou Loüis IX. assés connu par le surnom de Saint, qu'il s'est si glorieusement acquis, étant les seuls qui aient porté la guerre dans les Païs du leuant, & fait le voiage de la Palestine, pour nous en raporter ce qu'il y auoit de plus riche dans les premieres Eglises, du nom & de la Foi des Chrétiens.

H

Et l'on n'en peut judicièuse-
ment renuoier la Tranflation au
regne de Philippes premier du
nom, fous l'autorité duquel, les
Croifades de la Terre Sainte
ont commencé de s'echauffer en
France : puifque les Dames Religieufes qui pretendent en auoir
reçû Elles-mêmes le precieux depôt dans leur Eglife, n'y ont été éta-
blies que l'an de N. S. (1) 1152. par
Aufculphe de Pierrefons Euéque
de Soiffons, dans le Château de (2)
Loüis VII. à la priere de la Reine
(3) Adele ou Alix de Sauoie fa mere
& non d'Alix ou d'Alize de Cham-
pagne, ſ fille du Comte Thibault
le Grand IV. du nom, laquelle il
n'époufa que l'An mil cent foi-
xante & vn.

(1) Ti-
tre de la
fonda-
tion.

(2) Il
futfacré
au Cô-
cile de
Reims,
l'an 1131
par le
PapeIn-
nocent
II. il partit de France pour le recouurement de la Terre
Sainte, l'an 1147. & mourut à Paris l'an 1180.

(3) Elle ne mourut que l'an 1154. au Monaftere de
Montmartre, fondé par fes aumônes. Sainte-Marthe
liu. 12. de fon hift. Genealog. de la maifon de France.

Ce fut encore au moïen de quelque droit de Dixmes qui apartenoit ausdites Dames, en la Paroisse de Betisi, & qu'elles laisserent aux Chanoines Reguliers du Prieuré de saint Adrien, au Château Roial du même Betisi, en échange d'autres reuenus qu'ils auoient pareillement droit de prendre sur ceux de la Chapelle Roialle de saint Iean aux Bois, que les Rois ses Fondateurs auoient confiée à leur direction.

# SEPTIEME DISCOVRS.

## DE LA FESTE ET DE L'OFFICE DE SAINTE Euphrosine.

### ARTICLE I.

*Les jours destinés à sa Fête par les Eglises Grecque & Latine.*

OMME toute la vie de sainte Euphrosine n'a été qu'vne suite & vn enchaînement perpetuel de mi-

racles les vns aux autres, declarés
autentiques par celui de la vûë
qu'elle rendit au Solitaire de
son Monastere aussi-tôt aprés sa
mort, il ne fut pas besoin d'auoir
recours aux informations ordinaires pour la Canonization de la
sainteté de sa vie, quoi-que bien
moins imitable qu'admirable, la
voix du peuple en cette rencontre
rendant vn fidele témoignage, des
merueilles que la diuine Majesté
à bien voulu operer en la personne
& par le ministere de sa fidele
Epouse & tres-humble seruante.

L'Eglise Grecque qui s'estime
infiniment honorée de sa naissance
& de sa vie miraculeuse, pour
n'étre pas méconnoissante des
bien-faits qu'elle en a reçûs, lui
ordonna vne Fête des plus solem-
nelles à l'onziéme du mois de Fevrier, auec vn Office propre rem-
pli d'vne infinité de riches & éle-

gantes allufions, aux plus belles
& plus éclatantes actions de fa vie.

Car tantôt elle l'apelle fa bienheureufe Mere, & fon abmirable
Euphrofine : celle qui a toûjours
ici-bas defiré la feule & veritable
joie, & qui par vne jufte confe-
quence, a merité de la poffeder
auantageufement dans les Cieux:
à caufe de l'heureux échange qu'-
elle a fait des grandeurs contre
la baffeffe, des richeffes contre la
pauureté, & de la volupté des
fens contre la vraie fatisfaction de
l'efprit.

Puis elle adjoûte, que c'eft elle
qui a proprement & d'vne maniere
inimitable gardé la Loix de fon
fouuerain Seigneur, en fe chargeant courageufement de fa Croix
pour le fuiure & marcher aprés
lui; afin de nous aprendre par fon
exemple, que c'eft par la mort de
la chair corruptible que l'on con-

serue la vie eternelle de l'ame ; & que c'est aussi par cette voie toute roialle, qu'elle est heureusement montée au Ciel, pour y regner à jamais auec les Anges, & en la compagnie des bien-heureux.

Toutesfois le Calendrier des Grecs de l'edition du sçauant Genebrard, & le Menologe de Canisie ne laissent pas de nous annoncer sa Fête au 25. de Septembre en ,, ces termes ! La naissance de ,, nôtre sainte Mere Euphrosine, ,, fille du bien heureux Paphnuce. Peut-être à cause qu'ils estiment que ce jour est celui du trépas de Paphnuce, ou qu'il leur étoit plus commode & plus conuenable à cette solemnité, pour des raisons qui nous sont inconnuës.

Mais entre les Eglises latines, celle de Portugal, a toûjours honoré cette Illustre Vierge, d'vne pieté singuliere. Le Breuiaire de

H 4

l'Euéché d'Evore, imprimé à Lifbone, l'an 1548. en prefcrit pour le même jour de Fevrier la Fête à neuf leçons, dont celles du fecond Nocturne, s'y trouuent tirées de la plus ancienne de fes vies.

Quelqu'autres Martirologes fous les noms d'Vzuard & d'Adon (i) la marquent encore au même jour 11. de Fevrier, auec cet Eloge. La ,, depofition de fainte Euphrofine ,, Vierge, que l'on dit auoir vécuë ,, dans vn Monaftere de Moines, ,, déguifée fous vn habit d'hom-s, mes, l'efpace de 38. ans, auec ,, vne abftinence extraordinaire, ,, & non fans baucoup de miracles. ,, Elle étoit fille de Pannuce ou Pa-;, phnuce, auquel elle fe declara en ,, mourant : Et comme cet illuftre ,, Seigneur eut depuis méné vne s, tres-fainte vie dix ans durant ,, dans la même Cellule, il fut jugé

(i) Mau rolique.

„ digne d'auoir sa sepulture aprés
„ sa mort auprés des cendres sa-
„ crées de sa tres-chere fille.

Mais le Martirologe manuscrit
de l'Eglise de saint Lambert du
Liege, & autres sous le nom de
Bede aprés celui de Rome, suiuant les actes de la vie de nôtre
incomparable Vierge, mettent sa
mort au premier jour de Ianuier,
& en termes si beaux qu'on les
pouroit bien donner pour vn abre-
gé des plus belles actions de son
admirable vie. Les voici.

Proche d'Alexandrie la naiss-
„ fance de sainte Euphrosine vi-
„ erge, laquelle aprés être née
„ d'vne mere sterile, par les prieres
„ de son Pere Paphnuce, se fit
„ tondre en cachette étant en
„ l'âge de son adolescence, &
„ puis se retira dans vn Monastere
„ d'hommes sous le nom de Sma-
„ ragde, qu'elle s'étoit elle même

,, impoſé. Aprés y auoir perſeuerꝃ
,, (1) 38. ans dans la pratique de
,, toutes les Vertus, & particulie-
,, rement du ſilence, & d'vne
,, clôture tres-exacte, étant enfin
,, tombée malade, & connoiſſant
,, que l'heure de ſa mort appro-
,, choit, elle ſe découurit & de-
,, clara au ſeigneur Paphnuce ſon
,, Pere, qui en étoit fort en peine,
,, & qui la faiſoit chercher de
,, toutes parts. Pour comble de
,, ſa gloire ici-bas, les Peres de
,, ſon Monaſtere, lui firent de
,, magnifiques obſeques, aprés
,, qu'elle eut rendu ſa tres-ſainte
,, ame à Dieu.

(1)) Par vne faute d'im-preſſion, il y auoit en cet endroit 28. au lieu de 38.

## ARTICLE II.

*L'Office de la Translation de sainte Euphrosine.*

Q Voi-que je n'aie pas def-
sein de grossir ce petit ouurage de toutes les parties
des Offices qui se font à diuers
jours & en differentes Eglises, à
l'honneur de nôtre Illustre sainte, je
ne laisserai pas de raporter ici quelque Himnes composés à sa loü-
ange, & quelques Antiennes,
tirées des Actes de sa vie, & des
Pseaumes qui se chantent à l'Office de sa Translation dans l'Eglise
des Chanoines Reguliers du Prieuré de saint Loüis de Roiaulieu, en faueur des Pelerins qui y

viennent en tres-grand nombre
pour l'honorer le 2. Dimanche
d'aprés Pâques, ſoit afin de leur
rafraichir la memoire des princi-
palles & plus importantes actions
de ſa vie, ſoit pour leur ſeruir de
modele des graces qu'il leur im-
porte dauàntage de lui demander.

Car bien que Tertulien ſemble
inſinuer que le Chrétien n'ait pas
beſoin de Maître pour lui aprendre, ni d'admoniteur pour le faire
ſouuenir de prier ; parce qu'il le
doit faire du plus profond de ſon
cœur, & par le pur mouuement
de ſon eſprit : (i) *Sine monitore ,*
*quia de pectore.* Il eſt neamoins vrai
que l'Egliſe de tout tems a pro-
poſé aux fideles , des liures rem-
plis de toutes ſortes de prieres,
pour leur en aprendre & faciliter
l'vſage & la maniere de la faire
comme il faut.

(i) A-
polog.
chap.30

# A VESPRES.

1. *Antienne.* De Torrente in via bibit Euphrosina virgo : propterea exaltauit caput , Alleluia. *Pseaume.* Dixit Dominus.

2. *Antienne.* A solis ortu ad occasum laudabile nomen Domini, qui Euphrosinæ virginis præclara merita coronauit, Alleluia, alleluia. *Ps.* Laudate pueri Dñm.

3. *Antienne.* Lætata est in his quæ dicta sunt ei : in domum Domini exultans properauit, Alleluia, all..all. *Ps.* Lætatus sum.

4. *Antienne.* Ædificante Domino Euphrosina virgo domum sibi non manufactam ædificauit in cœlis, Alleluia, allel. *Ps.* Nisi Dominus ædificauerit.

5. *Antienne.* Sicut Euphrosinæ virgini, sic non fecit Dominus omni

nationi , Alleluia , allel. allel.

*Ps.* Lauda Ierusalem Dñm.

### Hirnne.

COeleftis in partem thori
Quam fponfus euexit facer,
Euphrofi , jam tandem tuum
Attolle , jam licet , caput.

Sat eft tenebris abditam
Vixiffe ; nec fas filiam
Latêre lucis : exete
Pudica quod condis jubar.

Te nubilem quondàm, Deo
Ne fponfus ambiret minor,
Mentita fexum , virginem
Prudente celabas dolo.

Qua fraude dum victrix tui
Carnis cœrces impetum ;
Cœleftis arrifit Chorus,
Dignamque te dixit Deo.

Gloria tibi Domine,
Et Filio qui à mortuis
Surrexit , ac Paradito ,
In fempiterna fæcula. Amen.

*Verf.* Ora pro nobis beata virgo

Euphrosina, Alleluia.

*Resp.* Vt digni efficiamur promissionibus Christi, Alleluia.

*Antienne de Magnificat.*

Audi filia & vide ; inclina aurem
tuam & obliuiscere populum tuum, & domum Patris tui : quia
concupiuit Rex speciem tuam,
Alleluia, alleluia, allel.

*Autre Antienne de Magnificat*
*pour les secondes Vépres.*

O mater sancta & admirabilis Euphrosina veram desiderasti lætitiam, cum diuitias in paupertatem
commutasti, & pro sponso car-
nali, æternum ac immortalem ele-
gisti, Alleluia, allel. allel.

*Oraison.*

OMnipotens ac mirabilis Deus in sanctis tuis, quos ma-
gnificare voluisti : tribue quæsu-
mus, ita nos mirabilem hodier-
nam beatæ Euphrosinæ virginis
tuæ translationem colere, vt ad

beatorum tuorum mereamur tran-
fire confortium. Per Chriſtum
Dominum noſtrum. Amen.

---

## A MATINES.

### *Himne.*

DEo apta ſoli conſcium
　Amplexa ſponſum, cætera
Nam ſpernis audax, & viris
Inſerta ſeruabas fidem
　Virago fortis. hinc tibi
Poſt fata conſtans, eligis
Quos inter expectes diem
Secura ſupremum viros.
　Vrbis peroſa turbines
Secreta ſiluarum legis,
Et te Ioannis applicas,
Oſtendit hic ſponſum, gregi.
　Quod te precamur hoſpitum
In vota feruentum veni
Fidelis hoſpes, & polo
Repende ſperatam vicem.

Deo

Deo Patri sit gloria,
Et Filio qui à mortuis
Surrexit, ac paraclito,
In sempiterna sæcula. Amen

### I. *Nocturne.*

1. *Antienne.* Elegantissima Paphnutio nascitur puella, ac vt nomen esset ei conueniens, Euphrosynen hoc est, lætitiam appellat, Alleluia. *Pf.* Domine Dñs noster.

2. *Antienne.* Gaudebant super illam parentes, quòd & pulcherrima facie, & animâ Deo acceptabilis, omnibus videretur, Alleluia, alle. *Pf.* Cæli enarrant.

3. *Antienne.* Puella verò tantam excipiebat disciplinam, tantamque fundebat doctrinam; vt omnes piam ejus mirarentur prudentiam, Alleluia, alleluia, alleluia. *Pf.* Domini est terra.

### II. *Nocturne.*

1. *Antienne.* Omni neglecto corporis cultu, lacrimis ac jejuniis

I

vnam animæ lætificabat fpeciem,
Alleluia. *Pfeaume.* Eructauit.

2. *Antienne.* Torques & inaures,
aurum & monilia, ad animæ tra-
ducebantur ornatum, pauperibus
tradita, Alleluia, alleluia.
*Pf.* Deus nofter refugium.

3. *Antienne.* Mollis veftis nulla
fuit vnquam illi cura ; maxima
verò tenellum corpus afpero do-
mare cilicio, Alleluia, allle. alle.
*Pf.* Magnus Dominus

### III. Nocturne.

1. *Antienne.* Aniles nugas, va-
nofque mulierum fermones, ne
fummas quidem aures attingere
finebat, Alleluia. *Pfeaume.* Cantate Domino. 1.

2. *Antienne.* Summo autem illi
erat ftudio pios diuina differentes
audire viros ; atque cum illis fer-
mocinari, Alleluia, alleluia.
*Pf.* Dominus regnauit exultet.

3. *Antienne.* Obfecro te pater, pro

mercede animæ tuæ, ora pro me;
vt lucrari Deus dignetur animam
meam, Alleluia, alleluia, alle.
*Pſ.* Cantate Domino. 2.

## *A Laudes & aux Heures.*

1. *Antienne.* Euphroſina proce-
dens ætate & ſapientiâ verum de-
ſiderabat ſponſum : & quam ille
diligit curam gerebat animæ pul-
chritudinis, Alleluia. *Pſeaume.*
Dominus regnauit, decorem.

2. *Antienne.* Indignè deſpondet
illam pater : indiuiſam neſciens
ſoli Deo placere velle; ac ejus eſſe
ſponſam perpetuò meditari, Alleluia, alle. alle. *Pſ.* Iubilate Deo.

3. *Antienne.* Euphroſina ſexum
ſilens, vitæque delicias fugiens,
monaſticum induit habitum, quò
Angelis effecta ſimilis, vitâ poti-
retur æternâ, Alleluia, alle. alle.
*Pſ.* Deus Deus meus.

4. *Antienne.* Puella conuerſans

I

inter monachos, velut lapis Smaragdus , diù noctùque orabat ad
Dominum : ne dum viueret hu-
manis fpectaretur oculis, Alleluia,
alleluia. *Cant.* Benedicite.

5. *Antienne.* Euphrofina ego fum,
Paphnuti , filia tua : lætare ; viuens
jam me morientem vidifti ; vt animæ tuæ folatio, per te mandarer
fepulturæ, Alleluia, alleluia, alle.
*Pf.* Laudate Dominum de cœlis.

### Himne.

TOtus exultet chorus hic pro-
           fufis
Gaudijs , feftum quoties recurrit
Virginis , noftrum recreantis ipfo
      Nomine cœtum.
Recreat nomen , magis acta vita,
Caftitas carnis domitrix proteruæ,
Et fides & quod retulit fubacto
      Hofte trophæum.
Lampadem curâ vigili paratam
Vna prudentum, fapienfque virgo,
Nuptias fœlix aditura fponfi
      Prouida geffit.

Veste dum fingit, simulatque sexū,
Principem mundi, simul ipsa
mundum
Arte de ludens latuit, sed vni
Cognita Christo.

Sit Deo soli, sit vbique semper
SūmaMajestas, sit honos supremus,
Christus & nobis det vt Euphrosinæ
Gaudia cœli, Amen.

*Antienne de Benedictus.*

Heu! filia mi dulcissima, cur non
te mihi diù ante aperuisti? cur non
me vnà tecum assumpsisti socium?
vt & vnà tecum, pater filiam, &
discipulus magistram secutus cœ-
lum ingrederer, Alleluia, alleluia,
alleluia. *Cant.* Benedictus.

## ARTICLE III.

### *Procession à la Croix dite de sainte Euphrosine.*

LA Procession des Reliques de sainte Euphrosine, portées suiuant la coûtume, par deux filles des plus sages & vertueuses, se fait toûjours au commencement de la Messe auec les ceremonies ordinaires, soit qu'elle marche pour aller à la Croix de son Nom, ou seulement autour du Cloître, si le tems & & les chemins sont incommodes. On la commence par le chant du Répons suiuant.

*Resp.* Regnum mundi & omnem ornatum sæculi contempsi, propter amorem Domini : meî Iesu Christi. ✳ Quem vidi, quem amaui, in quem credidi, quem dilexi, Alleluia, alleluia. *Verſ.* Eructauit cor meum verbum bonum : dico ego opera mea Regi. Quem vidi. Gloria Patri & Filio. Quem vidi.

Si le Répons ne ſuſit pas pour aller juſqu'au lieu de la Station, l'on y peut adjoûter l'himne de Laudes auec la ſuiuante, & même celles de Vépres & Matines.

### Himne.

HOſpitem miram capit arcta cella :
Huic vbi juges lacrimæ, flagellum,
Saccus, in terra cubitus, fuerunt
    Summa voluptas.
Se Patri tandem moritura prodit,
Virgo jam non vir moritur : ſu-
    bintrat
Filiæ cellam pater, atque vitam
    Degit eandem.

I 4

Fulfit in terris veluti Smaragdus;
Fulget in cœlis modo ficut aftrum:
Cujus afpectu Deus alme noftras
      Pelle tenebras.
  Virginis fanctû caput hac in æde
Virginum feruat chorus, atque
      Pectus.
Corpus hinc fanum, peregrine,
      mentem
    Hinc pete fanam.
  Sit Deo foli, fit vbique femper
Summa Majeftas, fit honos fu-
      premus,
Chriftus &nobis det vt Euphrofinæ
    Gaudia cœli. Amen.

   La Proceffion étant arriuée à la
Croix, l'on y repofe les Reliques
fur la table preparée, & le Celebrant les Encenfe pendant que le
Chœur chante l'Antienne qui
fuit.

### A LA STATION.

*Antienne.* Nomine Smaragdus,
mente Euphrofina, fexum celas,

Monachum induis : quò magis abſconſa, liberiore oculo omnia videntem videres Dominum. In te ô mater Euphrosina ſeruata eſt Chriſti regula, dum Crucem tuliſti ſponſum ſecuta : propterea cum Angelis ineffabili gaudio, in cœlis triumphans exultas, Alleluia, alleluia, alleluia.

Aprés le Verſet & l'Oraiſon dite par le Celebrant, l'on commence à chanter pour le retour de la Proceſſion, les Litanies de la Vierge, que l'on continuë à deux chœurs juſques à la fin.

*A l'entrée de l'Egliſe.*

*Antienne.* Puer qui natus eſt nobis, pluſquàm Propheta eſt : hic eſt enim de quo ſaluator ait; inter natos mulierum, non ſurrexit major Ioanne Baptiſta, Alleluia.

*Le Verſet & l'Oraiſon comme au jour de la Natiuité S. Iean Bâtiſte.*

## ARTICLE IV.

## PRIERES A L'HONNEVR DE SAINTE EVPHROSINE.

### Oraison à Dieu le Pere.

Dieu Tout-puissant Crea-teur du Ciel & de la terre, qui connoissez jusqu'aux moindres dispositions de vos plus chetiues Creatures : Nous vous prions par les glorieux merites de vôtre humble seruante Euphro-sine, d'auoir compassion de nos miseres, & de nous rendre, par vô-tre grace, dignes de la gloire, dont elle joüit au Ciel. Ainsi soit-il.

### Oraison à Dieu le Fils.

IEsvs Chrit Sauueur & Re-dempteur des hommes, qui

auez bien voulu par vn excés d'a-
mour pour eux, vous reuétir de
leurs infirmités, pour leur étre de
tous points semblable, à l'excep-
tion du peché : Aiez, s'il vous
plait, pitié de nous miserables
pecheurs, & vueillés par vôtre infinie bonté guerir toutes nos ma-
ladies, tant du corps que de l'ame,
par les intercessions fauorables de
vôtre glorieuse & triomphante
épouse Euphrosine, qui vous à
toûjours si cherement aimé, &
suiui même par tout où il vous à
plû d'aller, sans en auoir jamais
pû étre retenuë, ni par les foiblesses de son sexe, ni par tous les
charmes du monde. Ainsi soit-il.

*Oraison au saint Esprit.*

ESprit Saint, qui auez reuétu
le chaste cœur d'Euphrosine,
de la vertu du tres-haut, pour lui
faire méprifer tous les apas trom-

peurs de la fauſſe grandeur du
ſiecle, & ſon ame virginale d'vne
pureté Angelique, pour la rendre
victorieuſe des plº flateuſes delices
de ſa chair. Faites nous, s'il vous
plaiſt, la grace, qu'à ſon exemple
nous puiſſions éuiter les pieges de
nôtre irreconciliable ennemi, &
entrer à la fin de nôtre courſe
dans la joie de nôtre ſouuerain
Seigneur. Ainſi ſoit-il.

### *Oraiſon à la Vierge.*

SAinte Marie, Mere de Dieu,
Reine du Ciel, Dame du
monde, qui auez conçû ſans peché, enfanté ſans douleur, & al-
laité de vos chaſtes mammelles
le fruit diuin de vôtre ſein virginal.
Nous vous ſupplions tres-humble-
ment d'interceder pour nous, à ce
qu'il lui plaiſe de nous deliurer de
tout mal, de nous remetre les peines
que nousauons juſtement meritées

par nos offenfes paffées : de nous
empécher de confentir à la tentation, tant que nous refpirerons
l'air contagieux de cette vie mortelle ; & de nous preferuer à jamais des flammes eternelles, pre-
parées dés l'origine du monde
aux Anges deferteurs, & à ceux
qui imitent leurs damnables exemples. Ainfi foit-il.

### Oraifon au faint Ange Gardien.

ESprit bien-heureux, qui con-
templez fans ceffe la face
glorieufe de nôtre Pere celefte,
& joüiffez auec auantage du bon-
heur de fa gloire par tître de re-
compenfe dûë à vôtre merite:
Puis qu'il a plû à fa fouueraine
Majefté de nous confier à vôtre
fainte garde, aidez-nous, s'il vous
plaît, à vaincre le Demon qui n'a
pû vous refifter : bouchez nos
oreilles aux fifflemens venimeux

du serpent infernal : empéchés-
nous de goûter des fruits, qui nous
font defendus : détournés nos pas
des chemins de la perdition, &
les dreſſés dans la voie étroite,
qui meine au Ciel. Ainſi foit-il

### Oraiſon à ſaint Iean Bâtiſte.

ANge precurſeur de nôtre
adorable Meſſie, qui auez
été enuoié pour preparer ſa voie,
& nous montrer l'Agneau qui dé-
uoit par ſon Sang effacer les pechez du monde. Obtenez-nous,
s'il vous plait, de l'abîme ſacré
de ſes infinies miſericordes, l'a-
bolition generale de tous les nô-
tres, & la grace de le ſeruir tout
le cours de nôtre vie, auec tant
de pureté, que nous puiſſions enfin étre jugés dignes de la gloire
qu'il nous prepare au Ciel. Ainſi
foit-il.

## Oraison à saint Loüis Roy de France.

GRand Saint, qui auez me-
rité de Dieu la grace de regner paisiblement sur vos sujets :
de desarmer ses plus audacieux
ennemis , & de porter jusqu'au
cœur des nations infidelles , la
gloire de son saint Nom : Aiez, s'il
vous plait, la bonté de nous obtenir de son adorable Majesté, la
grace de vaincre nos passions rebelles à la raison, & de lui as-
sûjetir si parfaîtement tout ce que
nous sommes ; que ses diuines
volontés ne s'accomplissent pas
moins ici-bas sur la terre de nôtre
cœur, que la haut, dans le Ciel
des esprits bien-heureux. Ainsi
soit-il.

# ORAISON A L'HONNEVR

## DE SAINT AVGVSTIN.

Grand Dieu qui prenez plaifir de faire affez fouuent éclater les immenfes richeffes de la gloire de vôtre Majefté, par des fujets trés-foibles, & fur les objets du monde les plus miferables, c'eft vous qui auez retiré Auguftin des tenebres de l'égarement où l'a-uoit engagé la vaine curiofité de fon efprit, pour l'enchaffer au Firmament de vôtre Eglife comme vne de fes plus brillantes étoiles.

C'eft vous, Seigneur, qui l'auez releué de la fange du vice où il s'étoit malheureufement embour-bé, pour en faire à la vûë de vos fideles, vn des plus rares & des plus acheués exemples de toutes les vertus. Et c'eft vous encore, qui en auez fait vne fi excellente

copie

copie des perfections de la diuine Image de vôtre substance immortelle ; qu'on pouroit dire qu'entre tous les enfans, des hommes, il n'y en a point qui ait mieux exprimé dans sa personne, & plus nettement dépeint dans ses écrits les inexplicables dimensions de sa Croix adorable.

(i) Il n'y a point de hauteur où il ne se soit éleué par les viues lumieres de son esprit ; point de profondeur, où il ne soit entré par la continuelle meditation de son neant ; point de longueur, dont sa patience n'ait pris la mesure, & point de largeur, où l'étenduë de sa Charité ne lui ait fait tendre les bras.

(i) Ep. 120. ch. 36. &c.

C'est lui, ô souuerain Pere de lumiere, qui par vôtre diuine assistance a dissipé toutes les tenebres de l'heresie, lêquelles s'étoient repanduës sur la face de vôtre Eglise ; & qui nous à si clairement déue-

K

lopé toutes les figures des plus
profonds misteres de vos saintes
écritures, qu'il semble que vous
ne l'aiez creé au quatriéme siecle
du regne de vôtre grace, auec
quelque raport au Soleil produit
au quatriéme jour de vos ouurages, que pour y raffembler
comme dans sa propre source
le corps de la lumiere, que vous
n'auiez crée dés le commencement
que pour faire le discernement
du jour de la verité, d'auec la
nuit de l'erreur.

C'est lui dis-je qui nous à apris la
màniere du monde la plus facile
& agreable de vous honorer & feruir, felon le desir de vôtre cœur :
c'est à dire (1) par le culte religieux de la pieté Chrétienne, qui
n'est autre que la veritable fa-
geffe ; & par le mouuement d'vn
amour pur & des-intereffé, qui
nous porte à le chercher dans la

(1) Io. 4
verf. 23
& 24.
Epp. 29
& 52.
&c.

simplicité de nôtre esprit, sans aucune reserue, & sans mélange d'autre amour. Et c'est asûrement par
cette raison que la peinture, pour
nous le representer plus naïuemét,
& par vn juste simbole comme
le plus grand Maître du saint a-
mour, se croit obligé pour satisfaire aux regles de son art, de lui
mettre le cœur à la main, & nous
le faire voir tout enuironné des
flammes sacrées d'vn feu celeste
& deuorant.

C'est lui encore, ô grand Dieu,
qui nous a enseigné à vous connoître par vôtre contraire, c'est
à dire par la consideration de l'a-
bîme du neant, (1) d'où nous ne
sortons pas moins tous les jours
dans l'ordre surnaturel de vôtre
grace, que nous en auons été vne
fois tirés par l'autorité de vôtre
toute puissante parole, dans l'ordre
de l'étre naturel: c'est lui qui nous

(1)
Ephes.
2.
vers. 10
Epit. 110
Ch. 50.
&c.

K 2

aprend que sans l'aide de ce diuin secours, nous n'auons (1) de forces & de liberté que pour le neant du peché; & qu'encore que nous ne soions de nous-mêmes que trop capables de nous perdre, il nous est neamoins (2) impossible de faire, sans cette souueraine assistance, la moindre demarche pour l'affaire de nôtre salut.

Ah! c'est par la lumiere de cette admirable sagesse, qu'il nous fait remarquer dans la conduite du grand Apôtre; qu'aprés lui être échapé de dire, parlant des-auantages de sa predication, qu'il auoit (3) lui seul trauaillé plus que tous les autres ensemble, il adjoûte aussi-tôt, comme pour se reprendre & expliquer sa pensée que ce n'étoit pas tant lui que la grace qui auoit trauaillé dans lui, auec lui, & par lui. Parce que sa volonté n'eut pas plûtot conçû le

(1)
Io. 8.
Verf. 36

(2)
Ioa. 15.
Verf. 5.

(3)
1. cor. 15
verf. 10

liu. des
gestes
de Pela-
ge
Ch. 14.

dessein de s'éleuer par quelque
mouuement d'orgüeil, que sa pieté
soudain se reueilla, que son hu-
milité en fut saisie d'horreur, &
qu'à même tems sa foiblesse en
rougit de honte.

Et c'est encore en suiuant la voie
de cette même diuine regle, qu'il
nous auertit, & nous exhorte auec
grand soin & comme d'vne chose
tres-importante, par la bouche du
même saint Apôtre, (i) de trauail-
ler à nôtre salut auec crainte & (i)<br>Phil. 2.<br>verf. 12.
tremblement ; par la raison, que
c'est Dieu qui forme & opere en
nous le vouloir & l'action. Auec
crainte ; pour si bien ménager tous
les momens de nôtre vie, qu'il n'y
en ait point de vuides, & que
nous ne manquions jamais à la
grace, de peur que la negligeant
aujourd'hui, nous ne la recou-
urions pas demain: le tems de Dieu
n'étant pas toûjours prest de nous

K 3

l'offrir, quand nous le sommes de la receuoir. Mais auec tremble-ment ; pour nous bien donner de garde d'atribuer à la cooperation de nôtre volonté ce qui apartient principalement à la preuention & au concours de la grace, absolu-ment necessaire à chaque œuure de pieté.

O qu'il falloit, ô grand Saint, que vous eussiez bien été à l'école du plus humble des hommes, pour y aprendre vne doctrine aussi salutaire & humiliante, que celle que vous nous enseignez ; & qui nous instruit si vtilement, de ne nous glorifier que dans nos infir-mités, & dans le neant du men-songe, & de nos pechez, comme n'y aiant rien au monde qui nous soit propre que cela ; & de rendre (1) à Dieu seul, la gloire & l'hon-neur de tout le bien que nous fai-sons, comme à celui qui a non

(1) liu. Du bien de la per-seu. ch. 6. &c.

seulement preuû & predit, que
nous le ferions; mais qui nous a même promis & donné la grace de le
pouuoir, & la volonté de le faire.

Enfin, Seigneur, c'eſt à lui que
nous ſommes redeuables de cette
autre ſi importante, & ſi ſublîme
ſcience, qui émane de la pre-
cedente comme le progrez de
ſon commencement, & la-
quelle nous aprend que la perſe-
uerance dans l'exercice de vôtre
ſaint amour, étant l'effet de vôtre
ſouueraine Miſericorde, nous de-
uons, ſuiuant le conſeil & (1) de
vôtre Euangile, & (2) du Prince
de vos Apôtres ; veiller & prier
ſans ceſſe pour meriter de n'étre
pas ſeduits par la tentation.

Veiller ; c'eſt à dire étre extremement ſoigneux de vous demander inceſſamment la grace de nous
en preſeruer, & même de toute
eſpece & aparence de mal, par

(1)
Mat. 26
verſ 41

(2)
1. Pet. 4
verſ. 7.

K 4

vn secours special de vôtre diuine bonté : (1) mais secours qui soit tel, non seulement, que sans lui nous ne puissiõs nous deffendre d'y succomber ; mais aussi qu'auec lui nous soions assurés d'en étre victorieux ; & qui soit tel encore, qu'il nous donne (2) la même force pour perseuerer dans le seruice de vôtre diuine Majesté, jusqu'au dernier soupir de nôtre vie, que nous en auons deja reçûë pour croire, par l'aueugle soûmission de nôtre esprit, toutes les verités qui nous ont été annoncées de vôtre part.

Et prier ; C'est à dire vous demander encore par le mouuement de vôtre diuin esprit, & auec des gemissemens inenarrables, que vous ne nous abandonniez point aux desirs de nôtre cœur, & à l'homme pecheur qui est en nous ; que vous nous donniés au con-

(1) liu. de la correction & de la grace. Ch. 11. &c.

(2) Phil. 1. vers. 29 liu de la corr. & de la gr. ch. 12. &c. liu. 2. au Pp. Bonif. ch. 10. &c.

traire la grace, non feulement de connoître, & de pouuoir éuiter le mal, & faire le bien, fi nous le voulons ; mais la volonté même de fuïr l'vn & de faire l'autre, en nous apliquant, (1) comme dit l'Apôtre à tout bien, & operant en nous ce qui lui eft agreable : en nous donnant par quelque forte de nouuelle creation, ainfi qu'il eft porté en d'autres endroits de vos diuines écritures, (2) vn cœur pur & nouueau ; (3) & vn cœur qui foit tel que nous vous feruions & accompliffions vôtre fainte volonté, auec affection & auec ardeur.

Enfin prier ; C'eft vous demander encore par la voix de l'Eglife vôtre diuine époufe, (4) que nôtre efprit & nôtre raifon, demeurent fermes contre les attraits du peché ; (5) que vous nous donniez de vouloir & de pouuoir accomplir ce que vous nous commandez:

(1) Heb. 13. verf. 21.

(2) Pf. 50. verf. 11

(3) 2 Mac. 1. V. 3.

(4) Le famedy S. aprés la 1. Pro phetie.

(5) Le même jo. apr. la x. Pf.

(1) que nous puiſſions dompter nôtre volonté deprauée, & accomplir en toutes choſes la juſtice de vos diuins commandemens; (2) que vous nous soûteniez de telle ſorte, que ſans tomber par nôtre foibleſſe, nous courions ſans ceſſe vers les biens que vous nous auez promis; (3) que vous conuertiſſiez & entrainiez à vous nos volontés même rebelles; (4) & que vôtre grace nous preuienne & nous accompagne toûjours, & qu'elle faſſe que nous ſoions ſans ceſſe attentifs aux bonnes œuures.

En vn mot prier; C'eſt vous demander, Seigneur, par la bouche (5) de l'Egliſe Grecque, aprés le Grand Baſile en ſa Liturgie, que vous nous donniez la vertu & le moïen de la conſeruer; que vous faſſiez que les méchans deuiennét bons, & que vous mainteniez les bóns dàns leur bonté : parce que

vous pouuez tout, & que nul ne
se peut opposer à vôtre puissance;
que vous sauuez quand il vous
plait, & que personne ne resiste
à vôtre volonté.

Voila, grand Dieu, quel il
vous a plû faire l'Auguste saint
Augustin, & ce que vous auez
jugé à propos que nous aprissions
de ses écrits, si souuent cannoni-
zez par les Oracles des (1) Ss. Con-
cils, & des (2) souuerains Pontifes;
& que nous imitions, des exemples
de son admirable vie. Car l'on
peut dire que son esprit étoit
comme vn vaste ocean des inépui-
sables richesses de vôtre toute-
Puissance; son ame vne source fe-
conde des plus viues lumieres de
vôtre diuine sagesse; & son cœur
vn abîme sacré des inestimables
tresors de vôtre sainte grace.

(1) Le Concil romain sous Gelaze I. aprouue ses écris l'an 494 to. 2. de Binius.

Le 5. conc. de Const. le reçoit au nõb. des Do. ct. de l'Eglise l'an 553. Sess. 1.

Le Concile de Florence le qualifie le plus illustre des Docteurs latins, l'an 1439. Sess. 7. &c.

(2) Inno. I. Zozine, Bonif. 1. Celest. 1. Hormisda, Iean 2. Clem. 8. &c.

Qu'il vous plaise donc, ô souuerain Monarque de nos cœurs & de
nos esprits, de nous donner pour
auocat au Ciel, celui que vous
auez eu la bonté de nous accor-
der pour Maître & dispensateur de
vos plus riches&plus precieux dons
sur la terre ; afin qu'aprés y auoir
mangé (1) le Pain delicieux de
vôtre diuine parole, qu'il nous à
rompu & distribué auec autant de
justice que de charité ( pour me
seruir des mêmes termes d'vn autre de vos plus illustres Docteurs,
à vn Euéque Africain son compa-
triote) nous puissions vn jour meriter par l'efficace de ses intercef-
sions de le voir, & de l'entendre
(2) au plus haut des Cieux ( ainsi
qu'il vous a plû de le reueler encore à quelqu'autre de vos seruiteurs, disputer de la tres-Sainte
& adorable Trinité, l'vnic objet
de nos esperances, & toute la felicité de nos esprits. Ainsi soit-il.

(1) Epp. de St. Greg. Pp l. 8. Ep. 37.

(2) Gar sie de Loyese en ses notes sur le 7. Concile de Tol. souscrit par Ta io Euéq. de Sar ragoce.

# ORAISON A SAINTE

## GENNEVIEVE.

O Vierge Glorieufe & la plus renommée du monde, vous étes la charitable mere des pauures, l'Ange fecourable des affligez, & la fidelle gardienne & protectrice du plus floriffant des Roiaumes. Y a t'il quelqu'vn fur la terre qui n'ait oüi parler de vos illuftres merueilles, qui n'ait même reffenti les effets de vos charitables affiftances ; & qui ne fçache qu'il n'y a point de téte couronnée qui ne tienne à grand honneur de foûmetre fon Diademe à la houlette d'vne fimple bergere ?

Tout le monde eft aujourd'hui pleinement informé de l'admirable maniere dont vous auez été

fi heureufement preuenuë de la
douceur des benedictions du Ciel;
afin que vous pûffiez offrir à Dieu
dés vôtre plus tendre jeuneffe, les
agreables premices des plus belles
affections de vôtre cœur, par la
bonne odeur du facrifice de vôtre
pureté virginale. Et chacun fe
tient pour tres-perfuadé que c'eft
par lavertu de cette diuine election
que vous êtes entrée fi auant dans
la participation de cette fouueraine puiffance, par laquelle vous
auez fait tant de chofes éclatantes
& fi dignes de l'admiration des
fiécles.

N'eft-ce pas vous qui auez rendu
la vûë du corps à celle qui vous
en auoit donné la vie ; qui auez
tant de fois rompu & brifé les
chaînes des miferables captifs ; qui
éteignez tous les jours les bru-
lantes ardeurs de la fiévre, & qui
par le moindre attouchement de

vos habits, chaffez à toute-heure
les Demons de nos autres infir-
mitez. C'eft vous enfin, qui côme
vne autre Iudith fçauez-bien deffendre vôtre chere patrie, contre
les infultes de fes plus barbars
ennemis ; & comme vne autre
Efter fléchir les cœurs des Rois,
& les faire paffer de la colere à la
clemence en faueur des coupa-
bles, auec la même facilité que
la main de l'homme diuife les
ondes de la Mer, & le coulant
des eauës.

Mais que ce foit, s'il vous plait
auffi, ô Vierge incomparable, par
le merite de cet amour inuiolable
que vous auez toûjours porté au
fouuerain Monarque des cœurs,
que vous nous obteniés du trefor
inepuifable de fes diuines mifericordes, vn pardon general de tous
nos crimes paffez, & la parfaite
guerifon de l'aueuglement, & de

toutes les autres langueurs de nôtre ame : La force neceſſaire pour
vaincre & terraſſer le Demon, cet
irreconciliable ennemi de nôtre
bon-heur , & la grace de porter
toûjours à la main la lampe allumée, & le flambeau ardant d'vne
vie ſans reproche des tenebres
du vice , & toute brillante des
œuures de la lumiere , & de la
pieté Chrétienne : afin qu'allant
aũ deuant de l'époux ſacré de nos
ames , nous meritions, à vôtre
exemple , de trouuer la ſalle des
Nôces ouuerte, & d'y étre admis
à l'honneur de ſa diuine alliance,
comme vrais enfans de lumiere,
& legitimes nouriſſons. de ſa plus
tendre dilection. Ainſi ſoit-il.

ORAI-

# ORAISON A SAINTE
## EVPHROSINE.

Vierge incomparable, qui vous êtes réjoüie à la voix de vôtre celeste Epoux, & laissée heureusement attirer à l'odeur de ses adorables parfuns pour lui offrir en sacrifice par l'humble profession d'vne pauureté Religieuse, toutes les grandeurs de la terre; & en holocauste de suauité, la pureté virginale de vôtre corps, & l'heroïque soûmission de vôtre esprit : aujourd'hui que vous auez en tête les couronnes de vôtre triomphante Virginité, & du Martire de vôtre inuincible patience ; & que vous possedez auec des auantages que nous ne pouuons pas même comprédre, la juste recompense de toutes vos

L

autres admirables vertus ; regardez-nous d'vn œil fauorable du lit de vôtre repos, pour nous animer aux combats ; & leuez vos mains propices au Dieu des armées, pour nous rendre vainqueurs des Enfers, de la chair & du monde ; Par Iesus Chrit nôtre Sauueur, qui vit & regne au Ciel. Ainsi soit-il

*Les Indulgences Plenieres de nôtre S. Pere Alexandre VII. aux Pelerins de sainte Euphrosine, dans l'Eglise des Chanoines Reguliers du Prieuré de saint Loüis de Roiaulieu, dite saint Iean aux Bois, pour le 2. Dimanche d'aprés Páques ; auec l'instruction de ce qui est à faire pour les gagner.*

## ALEXANDRE PAPE VII.

A Tovs ceux qui ces pre-
sentes letres verront, Salut
& benediction Apostolique.
Pour acroître de jour à autre la
la deuotion des fideles, & contribuer de tout nôtre pouuoir à
l'auancement de leur salut : Nous
octroions & accordons, par la
confiance que nous auons en la
misericorde de Dieu tout-puissant, & de l'autorité des bien-
heureux Apôtres saint Pierre &
saint Paul, Indulgence pleniere
& remission de tous pechez, chacune des sept années suiuantes &
consecutiues, à tous ceux des fideles Chrétiens, qui aprés s'étre
confessés auec vn veritable regret
de leurs offenses, & repûs à la
diuine table de la tres-sainteCom-
munion, visiteront l'Eglise du
Prieuré des Chanoines Reguliers

L 2

de faint Auguſtin, au Diocefe de Soiſſons, dite faint Iean aux Bois, depuis les premieres Vépres juſqu'au Soleil couché du ſecond Dimanche d'aprés Pâques, de la reſurrection de N. S. en laquelle ſe celebre la fête de la Tranſlation de ſainte Euphroſine vierge d'Alexandrie, & qui l'à prieront Dieu deuotement pour la paix entre les Princes Chrétiens; pour l'extirpation des hereſies; & pour l'exaltation de la Foy de nôtre Mere ſainte Egliſe. Donné à Rome, dans l'Egliſe de ſainte Marie Majeure, ſous l'anneau du peſcheur, le dix-neuſiéme Avril, l'an de grace 1664. le dixiéme de nôtre Pontificat, le tout expedié gratuitement. Et plus bas, Signé VGOLINVS, auec paraphe.

*Approbation de l'ordinaire.*

CLAVDE. BOVRLON Prétre Prieur de l'Abbaïe de ſaint

Leger de Soiſſons, & Vicaire general de Reuerendiſſime Pere en
Dieu, Meſſire Charles Euêque
dudit Soiſſons, aprés auoir vû &
lû les letres ci-deſſus, de nôtre S.
P. le Pape Alexandre VII. Nous
les auons approuuées, & permet-
tons à tous Prêtres & Curés de les
publier dans les Egliſes & Paroiſſes
de l'Euéché dudit Soiſſons. Fait
l'an de N. S. 1664. le 23. jour de
Iuin; Ainſi ſigné, BOVRLON.

## Reflexion ſur ces Indulgences de nôtre ſaint Pere.

Q Voi-que l'vſage des Indulgences ſoit auſſi ancien que
l'Egliſe, & qu'aucun des fideles
ne puiſſe être ignorant du merite
de leur vertu. Ie ne laiſſeray pas
de remarquer ici par occaſion en
faueur des plus ſimples, qu'elles
doiuent être conſiderées comme

le supplément de ce qui peut manquer au Sacrement de penitence,
pour le rendre d'vne force égale
à celui de Bâtême.

Car il y-a cette difference de
l'vn à l'autre, que le Bâtême nous
faisant membres de Iesus Chrit,
pour viure de son esprit , aprés
étre morts au peché ; nous n'y
auons pas besoin d'autres satisfactions que de celles qu'il a renduës
pour nous à son Pere sur la Croix,
afin de meriter l'abolition generale de tous nos pechez, tels qu'ils
pussent étre ; & même la remissiõ
vniuerselle de toutes les peines,
dont ils pouuoient étre redeuables à la Iustice de Dieu : puis
qu'elles nous sont pleinement ap-
pliquées , & renduës propres par
nôtre incorporation à sa mort &
à ses souffrances.

Mais comme la penitence s'e-
xerce par maniere de jugement,

qui pour étre équitable, dôit tenir
la balance jufte, elle ne peut ab-
foudre le coupable ,fans l'obliger
de fatisfaire à ceux qui en ont été
offenfés ; c'eſt à dire qu'elle par-
donne bien l'offenſe en confide-
ration du repentir qui la fuit ; &
fait changer de qualité à la peine,
en la rendant temporelle, d'éter-
nelle qu'elle étoit : mais qu'elle ne
la peut remettre que par l'exercice de la priere, du jeûne & de
l'aumône , & par la fidelle pratique de toute autre forte d'œuures
fatisfactoires , qu'elle en prefcrit
& ordonne au Siege de fon Tribunal : parce que tout peché com-
mis depuis le Bâtême , doit ne-
ceffairement étre puni , foit en
cette vie, foit en l'autre : en cette
vie, par l'homme penitent ; ou en
l'autre par vn Dieu vengeur. ---

Or qui eſt celui des hommes,
qui voudroit fe yanter d'égaler

L 4

par les satisfactions de sa penitence la peine dûë à l'enormité
de ses crimes. Il est donc d'vne
suite aussi euidente que constante,
qu'il nous en doit rester beaucoup
à païer pour l'autre vie au feu de
Purgatoire. Et c'est pour rachêter
cette si juste dête, que l'Eglise
comme vne bonne mere, ouure
les tresors de son sein pour nous
en départir les Indulgences, par
vne application gratuite des merites du Sauueur de nos ames,
pour la remise soit de toute la dête,
ou seulement d'vne partie.

Celles que le Vicaire general,
sur terre, du souuerain Euêque &
pasteur de nos ames, qui regne dãs
les Cieux, nous presente aujour-
d'hui à l'honneur de nôtre illustre
& sainte Patrone, n'étant pas seulement pour la diminution de
quelque tems de nôtre penitence,
comme de quarante jours, ou de

sept ans,& de pl° ou de moins; mais
étant generalles & plenieres, il
senfuit infailliblement, que celui
à qui Dieu feroit la grace d'ex-
pirer auffi-tôt aprés les auoir
gagnées ; s'en iroit de la terre
droit au Ciel, joüir de la felicité
des bien-heureux, fans paffer par
les flames de ce feu purifiant de
l'autre monde.

Mais quelque grace que foit
cette fauorable Indulgence, on
ne l'accorde neamoins qu'à ceux
qui accompliront parfaitement les
conditions portées aux letres de
fa conceffion, lêquelles s'y trouuent au nombre de trois. La premiere, eft de fe confeffer &
Communier; c'eft à dire qu'il faut
étre en état de grace, & parfaitement bien reconcilié auec Dieu
pour la meriter. La 2. eft de vifi-
ter dans cette fainte difpofition,
l'Eglife des Chanoines Reguliers

du Prieuré de faint Loüis de Roiaulieu, dit faint Iean aux Bois, depuis les premieres Vefpres jufqu'au
Soleil couché du fecond Dimanche d'aprés Pâques. Et la derniere,
eft d'y offrir fes prieres à Dieu, pour
la paix entre les Princes Chrétiens,
pour l'extirpation des herefies, &
pour l'exaltation de la Foi de nôtre mere fainte Eglife.

Comme ce n'eft pas ici le lieu de
vous inftruire de la maniere qu'il
faut s'aprocher du tribunal de la
penitence, & de la table du Pain
de vie, pour y meriter l'abfolution
de fes pechez, & receuoir la Com-
munion de la tres-fainte Eucha-
riftie; & que je referue au difcours
fuiuant les auis neceffaires pour
fe bien acquiter de ce deuot pelerinage: je me contenterai de
vous dreffer à prefent quelque
formule de prieres conformes au
fentiment & au deffein de l'Eglife;

toutefois fans aucune pretention
de rien prefcrire à perfonne ni
d'ôter à qui que ce foit la liberté
d'en faire telles autres qu'il plaira
au faint Efprit de lui fuggerer.

*Priere pour la paix entre les Princes*
*Chrétiens.*

*Ant.* Tua eft potentia: tuum regnú
Domine: tu es fuper omnes gentes: Da pacem Domine in diebus
noftris, Alleluia.
*Verf.* Fiat pax in virtute tua, allel.
*Refp.* Et abundantia in turribus
tuis, alleluia.

*Oraifon.*

OMnipotens fempiterne Deus,
qui cæleftia fimul & terrena
moderaris ; fupplicationes populi
tui clementer exaudi, & pacem
tuam noftris concede temporibus:
vt Ecclefia tua tranquilla deuotio-
ne lætetur. Per Chriftum Dominum noftrum. Amen.

*Priere pour l'extirpation des heresies.*

**Ant.** Domine qui dixisti de tenebris lucem splendescere, & te alias oues habere quæ non essent ex hoc ouili : da illis Domine, vt ad viam possint redire justitiæ, & fiat vnum ouile & vnus pastor, alleluia.

**Vers.** Memento Domine congregationis tuæ, alleluia.

**Resp.** Quam possedisti ab initio, all.

### Oraison.

OMnipotens Deus, qui saluas omnes & neminem vis perire: respice ad animas diabolicâ fraude deceptas, vt omni hæreticâ prauitate depositâ, errantium corda resipiscant, & ad veritatis tuæ redeant vnitatem. Per Christum &c,

*Priere pour l'exaltation de la sainte Eglise.*

**Ant.** Fundata est domus Domini supra verticem montium, & exaltata est super omnes colles : & venient ad eam omnes gentes & dicent ; Gloria tibi Dñe, alleluia.

*Verf.* Saluum fac populum Dñe, & benedic hæreditati tuæ, alle.

*Resp.* Et rege eos, & extolle illos vsque in æternum, alleluia.

### Oraison.

OMnipotens sempiterne Deus, qui gloriam tuam omnibus in Christo gentibus reuelasti : Custodi opera misericordiæ tuæ ; vt Ecclesia tua, toto orbe diffusa, stabili fide in confessione tui nominis perseueret. Per Christum Dominum nostrum. Amen.

*Priere à sainte Euphrosine pour lui demander sa protection auprés de Dieu.*

*Ant.* Euphrosina spôsa Christi, soror Angelorum, & filia sanctorum ; ne obliuiscaris seruorum tuorum : sed ora pro nobis ad Dominum

Deum noſtrum ; vt qui qualitate
tibi ſumus diſſimiles , ſuâ gratiâ
largiente faciat eſſe conſortes ; &
fortiter certando , fœliciter per-
uenire ad portum ſalutis æternæ,
Alleluia.

*Verſ.* Ora pro nobis beatá virgo
Euphroſina , alleluia.

*Reſp.* Vt digni efficiamur promiſ-
ſionibus Chriſti , alleluia.

### Oraiſon.

OMnipotens æterne Deus ,
qui hominem cognoſcis an-
tequàm naſcatur , & hujus ancillæ
tuæ curam habere dignatus es ; vt
mereretur in regno tuo gloriâ per-
frui ſempiternâ : tribue nobis quæ-
ſumus , ejus meritis & precibus,
ita nos quæ tibi ſunt placita per-
ficere ; vt dignos cenſeas bonis ab
æterno paratis , ijs qui tibi placue-
runt. Per Chriſtum Dominum noſtrum. Amen.

*Priere à la même Sainte, pour lui demander la guerison des malades.*

*Ant.* O beatissima Euphrosina, DEO charissima, hominumque amantissima : respice propitiùs ad famulos tuos in infirmitate laborantes; vt corporis & animæ perpetuâ sanitate gaudentes, liberiori mente toto vitæ spatio, Domino Deo suo famulari mereantur, Alleluia.

*Vers.* Ora pro nobis beata virgo Euphrosina, alleluia.

*Resp.* Vt digni efficiamur promissionibus Christi, alle.

### Oraison.

OMnipotens æterne Deus, salus æterna credentium : exaudi nos pro famulis tuis infirmis, pro quibus misericordiæ tuæ imploramus auxilium; vt redditâ sibi sanitate, gratiarum tibi, in Ecclesiâ tuâ referant actiones. Per Christum Dñm nostrum. Amen.

**HVITIEME ET DERNIER**
*discours.*

# DES PELERINAGES DE SAINTE EVPHROSINE.

## ARTICLE I.

*Les Chapelles de sainte Euphrosine font des lieux de refuge, & des trefors de grace.*

POVR m'acquiter de la parole, dont je me suis ci-dessus engagé, au sujet des Indulgences, qu'il a plû à N. S. P.

S. P. Alexandre VII de renou-
ueler fur la forme des anciennes
auparauant accordées à l'Eglife
de faint Iean aux Bois, en faueur
des Pelerins qui y viennent en
tout tems ; mais particulierement
& en plus grand nombre, le Dimanche d'aprés celui de la *Quafi-*
*modò* : voici les auis que je leur
ay jugés neceffaires, pour fe rendre
dignes d'en remporter par les glorieux merites de nôtre illuftre
Sainte, & bien heureufe Patrone
Euphrofine, la benediction du
Ciel, & les autres faueurs qu'il y
feront venus demander à Dieu.

Qu'ils fçachent-donc qu'encore
que fa diuine Majefté doiue &
defire étre toûjours & par tout
adorée, par fes vrais & legitimes
adorateurs ; Elle n'a pas laiffé
neamoins de faire choix, & de
certains jours, & de certains lieux,
dans léquels elle veut & receuoir

M

les hommages publiques de ſes peuples fideles, & leur y départir ſes plus obligeantes faueurs.

Et comme les Chapelles où repoſent les Reliques des Saints, & les Fêtes inſtituées à leur honneur, par l'autorité de l'Egliſe, peuuent raiſonnablement étre miſes au rang de ces jours & de ces lieux heureux : Celles de ſaint Euphroſine, par vne conſequence infaillible ; doiuent aſûrement étre conſiderées, & comme des lieux de refuge pour les pecheurs qui n'oſent paroître deuant la face de Dieu qu'ils ont offenſé; & comme des tems fauorables pour negotier leur retour à ſa grace, par les puiſſantes interceſſions de ſa fidelle épouſe.

C'eſt à dire en vn mot, que les jours de ſes Fêtes, & les lieux de ſa demeure ſont & des ſources de benediction, & des treſors de

grâce, pour tous ceux qui les ho-
norent, & qui les visitent, dans
tous les sentimens d'estime, & de
pieté, qu'ils doiuent & qu'il est
conuenable.

## ARTICLE II.

*Par quels motifs on doit faire les*
*Pelerinages de sainte Euphrosine.*

L'On ne peut judicieuse-
ment reuoquer en doute
que les deuots Pelerins de
sainte Euphrosine, n'aient tout
sujet de se promettre dans leurs
besoins, les fauorables assistances
de nôtre sainte Patrone. Mais ce
grand auantage ne doit pas faire
tout le motif qui les engage à
entreprendre son Pelerinage. Et
pour lui faire voir que la venera-

tion, qui les porte à rendre visite
aux lieux du repos de ses saintes
Reliques, est sans aucune com-
paraison plus genereuse qu'inte-
ressée : ils doiuent encore & sin-
gulierement s'y transporter dans
la vûë de lui procurer ici-bas le
centuple de la gloire, qu'elle y a
si genereusement meprisée pour
l'amour de son diuin Epoux.

Et s'il est vrai, que le plus grand
honneur que nous lui puissions
rendre en cette vie, soit de suiure
l'exemple de ses admirables vertus, l'on peut dire que la principalle raison de nôtre Pelerinage,
aux lieux saints du depôt de ses
Cendres sacrées, doit être d'y demander à Dieu, par des prieres
feruentes & reïterées, la grace
d'vne parfaite conuersion de nôtre
cœur à sa diuine bonté, & d'vne
entiere conformité de sa vie à
celle de sa Sainte.

### ARTICLE III.

*La maniere de faire les Pelerinages*
*de sainte Euphrosine.*

LA resolution prise de faire
vôtre Pelerinage, il faut se
metre en chémin pensant
à celui que l'on doit faire au Ciel;
ou le considerant comme vn moïen
pour retourner à Dieu, duquel on
se seroit malheureusement éloigné
par le peché.

Ce seroit bien fait de le commencer par vne Confession fidelle
à son propre Pasteur, pour entrer
dans vne disposition plus conuenable aux graces, que Dieu se prepare de nous donner par la consideration des merites de nôtre

M 3

puiſſante Auocate, au lieu même
du repos de ſes ſaintes Reliques.
Et ce ſeroit au contraire, vn abus
deplorable d'imiter ceux, qui n'ont
pour but dans leurs Pelerinages,
que d'y trouuer des Confeſſeurs
inconnus, léquels dans la foulle du
peuple qui les preſſe, n'ont ni le
loiſir, ni le moïen de les examiner
par vne exacte diſcuſſion des re-
plis de leurs conſciences ; afin d'en
pouuoir plus aiſement obtenir l'ab-
ſolution qu'ils ne meritent pas,
comme s'ils ne ſçauoient pas que
Dieu veille toûjours à la garde de
ſon treſor, & qu'il leur eſt bien
moins facile de le ſurprendre, que
de tromper les hommes par leurs
déguiſemens.

Mais il faut, ſur tout, éuiter le
long du chemin, la compagnie de
ces ames libertines & babillardes
qui ne regardent les Pelerinages
que comme des occaſions de pro-

menade & de diuertiſſement, &
quelquefois même de débauche
& de dereglement, & tendre toûjours auec vn ſaint empreſſement
au terme de nôtre deuotion, dans
l'eſperance qu'il ſera, par la grace
de Dieu, heureuſement ſuiui de
l'effet de nôtre parfaite reconci-
liation auec ſa ſouueraine bonté.

## ARTICLE IV.

*Ce qu'il faut faire au lieu du Pe-*
*lerinage de ſainte Euphroſine.*

QVand vous ſerez arriuez
au lieu de vôtre Peleri-
nage, entrez en eſprit d'hû-
milité dans la Chapelle de nôtre
incomparable Sainte, pour y rendre à Dieu vos vœux ; mais ſou-
uenez-vous de le faire comme il

faut, & en la maniere de cette (1) illuſtre & ſi renommée Dame Romaine, laquelle viſitant les ſaints lieux que le Sauueur du monde à ſanctifiez par ſes adorables ſouffrances, les arroſoit de ſes larmes, & en lêchoit, pour ainſi dire, les pauez de ſa langue, tant elle y tenoit fortement ſa bouche collée contre terre, tandis qu'elle enuoioit inceſſamment au Ciel, & ſon cœur par ſes ſoupirs, & ſon eſprit par ſa contemplation.

Car ce ſeroit ſans doute lui faire inſulte au lieu de l'honorer, de ne faire autre choſe dans les ſaints lieux de ſon ſéjour, que d'y demeurer ſeulement quelque tems les genoux en terre; mais d'vne vûë égarée çà & là, & d'vne ame toute diſtraite ailleurs, peut étre même toute occupée des vains deſirs de la curioſité, & de l'amour du menſonge: de n'y faire

(1) S. Hier. Ep. à la Vierge Euſtoche Epitaphe de ſainte Paule.

autre chose que remüer les levres,
& proferer quelques paroles entre
les dents ; mais penſant à toute
autre choſe & ſans aucune attention à ſa priere : de n'y faire autre
choſe que baiſer la Chaſſe de ſes
ſaintes Reliques, auec quelque
ſorte de reuerence exterieure &
étudiée, ou feinte & ſimulée; mais
encore peut-étre d'vne bouche &
d'vn cœur tout ſoüillez des plus
enormes crimes du blaſpheme &
de l'impureté. Enfin, de n'y faire
autre choſe que lui offrir des dons
& des preſents : mais d'vne main
auſſi prophane que ſacrilege ; mais
d'vn bien peut-étre mal acquis, &
qui ne prouient que de concuſſiõs,
de rapines & d'vſures.

Pouroit-on bien, je vous prie,
nier qu'elle pût auec juſtice en ces
rencontres ( ſi elle n'étoit deüe
d'vne patience miraculeuſe, &
toute afait digne de l'dmirable

clemence de fon diuin Epoux)
rebuter auec indignation ces ciui-
litez offenfantes, & ces oblations
outrageufes? Renuoier chez-eux
ces hypocrites fardez, le vifage
couuert de la confufion que merite leur impudence? Et repouffer
par la vertu d'vne inuinfible main
ces ames libertines & temeraires,
de l'entrée de ce faint lieu, où re-
pofent les facrez Offemens de fon
corps virginal? afin de leur aprendre par cette jufte punition de n'y
plus reuenir que pour lui rendre
les honneurs qu'elle merite, à
l'exemple des plus grands Saints
de l'Eglife, (i) qui n'ofoient pas
même s'aprocher du tombeau des
Martirs, aprés s'être laiffez aller
à quelque legere impatience, ou
que quelque extrauagante penfée
leur auoit feulement effleuré l'efprit.

(i) S.
Hier.
en fa
Letre
contre
vigilâ-
ce. to. 2.

## ARTICLE V.

*Le fruit que l'on doit remporter du Pelerinage de sainte Euphrosine.*

MAis comme la principalle fin de nôtre Pelerinage, doit étre aprés la sanctification du tres-saint Nom de Dieu, la glorification de celui de nôtre glorieuse Patrone, par la reformation des mœurs de nôtre vie, sur le modele de la sienne. Sçachez qu'elle a foulé aux piés toutes les richesses & grandeurs de la terre, pour se rendre pauvre & humble servante en la maison de son souverain Seigneur; qu'elle y a vécu l'espace de trente-huit ans inconnuë au monde, & connuë

seulement de son Createur ; &
que pour y arriuer , elle à par vne
generosité & d'vne maniere jusqu'à
lors inoüie à vne personne de
son sexe , de son âge , & de sa condition , renoncé à toutes les delices de la vie mortelle , qui regor-
geoient dans sa maison ; à toutes
les tendresses d'vn Pere , qui la
cherissoit vniquement ; & à toutes
les douceurs d'vn illustre & riche
mariage : pour se renfermer dans
vn Cloître ; pour y viure dans
vne perpetuelle soûmission ; &
pour y mener vne vie cachée aux
yeux des hommes , crucifiée à
tous les plaisirs des sens , & qui
ne respira que ceux de l'esprit.
Voila l'idée qu'elle vous propose,
& le patron que vous deuez imiter.

Souuenez-vous donc, quelques
grands & quelques riches que
vous soiez, de ne vous point pre-

ualoir de ces vaines auantages,
d'auoir toûjours de tres-petits
sentimens de vous-mêmes ; de ne
vous jamais preferer aux autres,
& de trembler toûjours sous la
toute-puissante main de Dieu : la
grandeur & les richesses étant
pour vous des biens etrangers,
qui sont bien moins les effets de
vôtre industrie, que des dons de
la toute puissance de vôtre Createur, qui ne vous les a departis que
pour en bien vser à l'égard de ses
membres necessiteux, & qu'il vous
les peut retirer quand il lui plaira,
après vous en auoir fait rendre vn
conte fort exact.

Souuenez-vous encore qu'elle
a preferé la Continence au mariage & la vie retirée à la pu-
blique, pour suiure la voix de
Dieu, malgré toute la resistance
possible de son Pere, & qu'à son
imitation, vous pouuez sûrement

embraſſer la vie parfaite des con-
ſeils de l'Euangile, lors que Dieu
vous y apellera, ſans peril & ſans
crainte de paſſer pour deſobeiſſans
à la volonté de vos parens, qui
pouroient bien être aſſez malheureux pour deſirer de vous voir à
leur prejudice & au vôtre, dans
les engagemens funeſtes des va-
nitez du ſiecle.

Et enfin, qu'il vous ſouuienne
ſi Dieu vous à mis des hommes
ſur la téte, & que vous ſoiez o-
bligez, ſoit par le choix de vôtre
volonté, ou par la condition de
vôtre naiſſance, de viure ſous au-
trui, & dás la dépendance; de leuer
les yeux vers vôtre excellent ori-
ginal, pour y voir en la per-
ſonne d'Euphroſine d'admirables
exemples de la plus parfaite do-
cilité, de la plus humble ſoû-
miſſion, & de la plus ſublime
obeiſſance, ſoit aux ordres du

Ciel qui lui ont été suggerez par les secrets mouuemens du saint Esprit, soit aux commandemens de son Pere, tant qu'elle a restée au monde, & dans sa maison; soit enfin, aux volontés de ses Superieurs, depuis qu'elle est entrée au Cloître, & qu'elle y a fait les vœux de sa profession Religieuse.

## FIN.

No. 5004. Huf.